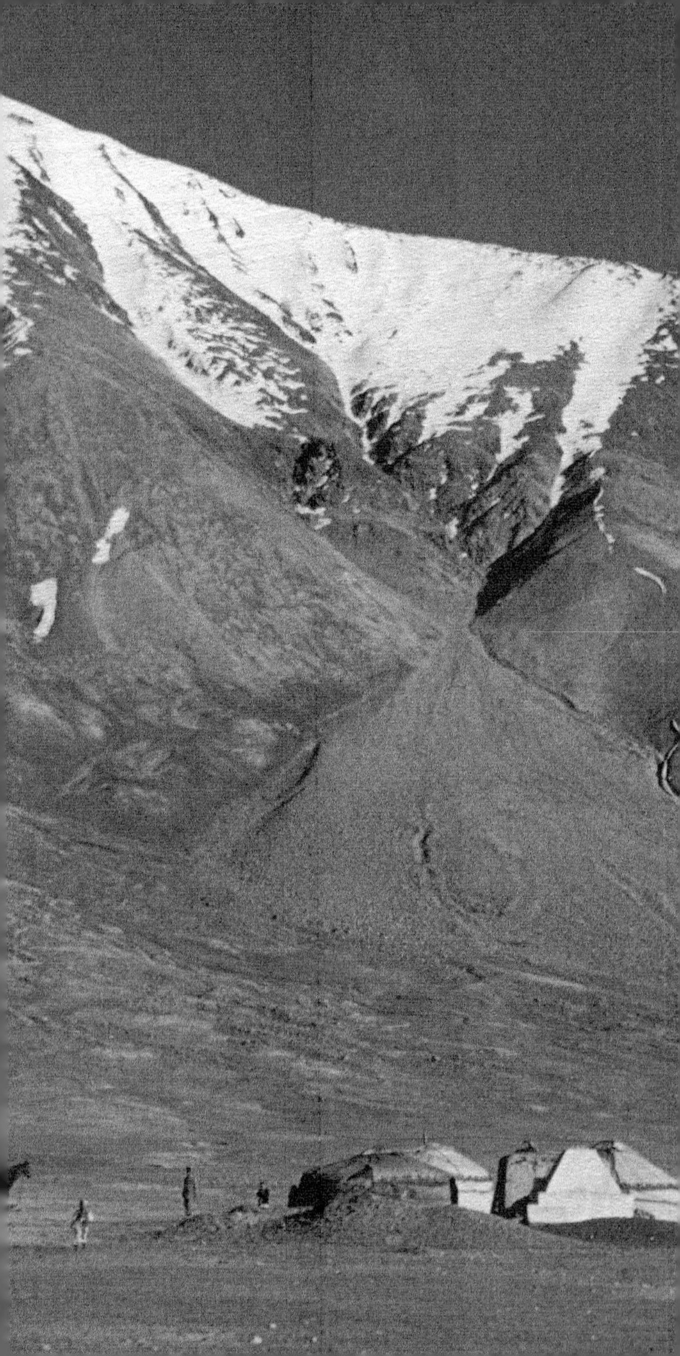

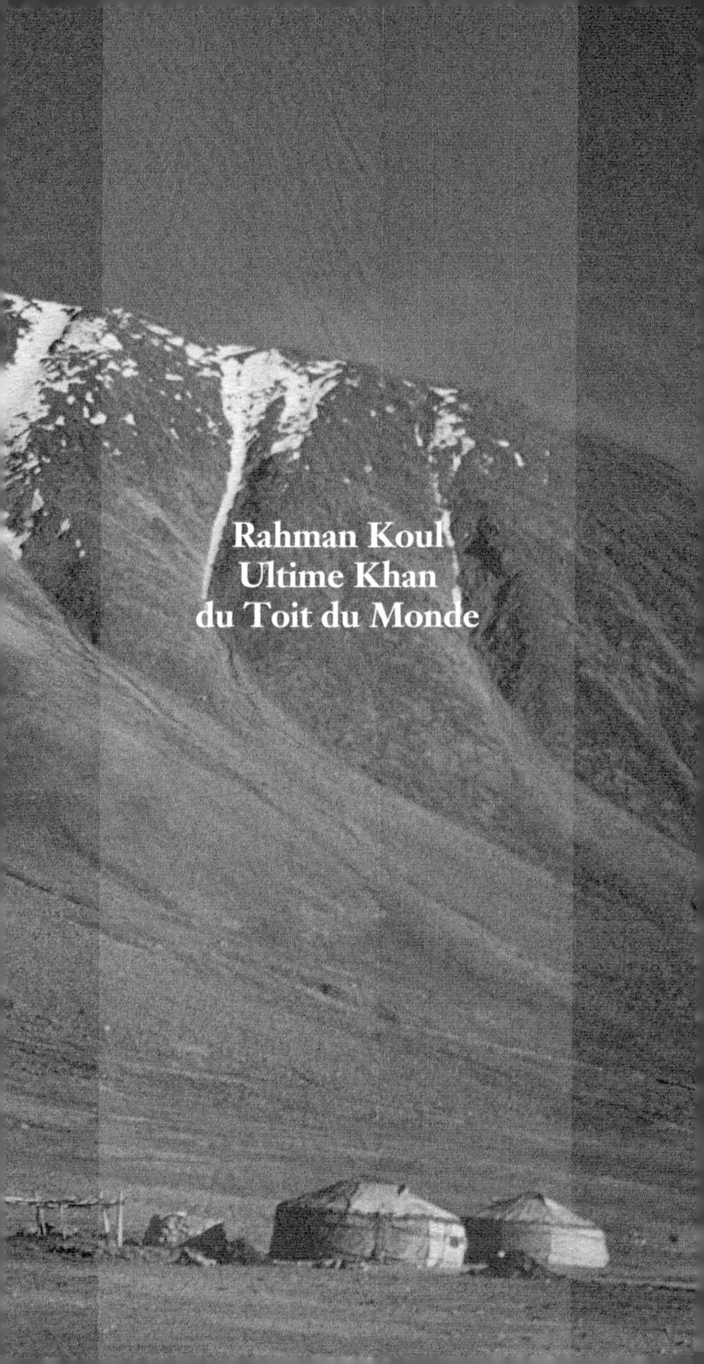
Rahman Koul
Ultime Khan
du Toit du Monde

Conception graphique
Sandra Musy

Couverture
© photographie de Rémy Dor

Photographies intérieures
© photographie de Rémy Dor

41, rue de Richelieu – 75001 Paris.
micheldemaule. com

Rémy Dor

Rahman Koul
Ultime khan
du Toit du Monde

MICHEL DE MAULE

Collection

je me souviens...

dirigée par Marc Bressant

& Denise Decornoy

Marc Bressant

Les Funérailles de Victor Hugo

Edouard Dor

Quand penser en Chine se disait Mao

Moncef Guellaty

Tunis 2011, le pouvoir piégé par la Toile

Martine Rouart

La Cuisinière de Mallarmé

Gérard Saint-Paul

L'Agenouillement au ghetto

Marlène Belilos

Le Yacht du roi Farouk

Elena Balzamo

Moscou-Paris, un aller simple

Claude Blanchemaison

La Marseillaise du général Giap

Caravanier, fais reposer la caravane, car cette Voie n'a pas de limites![1]

Pont sur la rivière Wakhan.

La chevauchée

Rencontre avec un seigneur de la steppe

— *Âghâ-yé Dourrr*, monsieur Dor, vous ne pouvez pas redescendre à Kaboul, le roi d'Afghanistan, Mohammad Zaher, vient d'être renversé !

Nous sommes en juillet 1973, au campement de l'Éboulis-Croûlant, Tergen Goroum, près du lac du Briquet, au cœur du Petit Pamir afghan, au nord-est de l'Afghanistan. C'est le Toit du Monde (en persan *bâm-é dounya*), l'altitude frôle les quatre mille cent mètres. La yourte du chef kirghiz, le khan Rahman Koul, est glaciale et l'inquiétude qui me saisit ne l'est pas moins :

— Est-ce qu'on a des détails ? Est-ce qu'on sait quelque chose ?

— Non, reprend Rahman Koul, je viens juste d'apprendre la nouvelle en écoutant la *BBC* en persan. Le roi est en Italie et son cousin a pris le pouvoir.

Mohammad Zaher. Mon premier contact avec lui, strictement visuel, remonte à loin. Année scolaire 1955-1956, je suis interne au lycée Michelet à Vanves, près de Paris, et, dans le long couloir glacial par où l'on pousse vers la salle des douches le troupeau grelottant des « penscos », je croise dans la galerie des anciens le portrait de Mohammad Zaher, jeune roi de l'Afghanistan, en uniforme d'officier, petite moustache martiale et regard au garde-à-vous. Eh bien, me dis-je, pour avoir été envoyé dans cette galère, il faut que son pays ne soit pas bien riche ! Une trentaine d'années plus tôt, Mohammad Zaher avait en effet été brièvement élève à Michelet et notre rencontre, bien que décalée dans le temps, fut pour moi déterminante.

C'est dans le bureau de son ministre des Affaires Étrangères, Rawan Farhadi, que je fais à Kaboul, pour la première fois en 1971, connaissance du khan Rahman Koul :

— Vous aviez manifesté l'intention de rencontrer le chef kirghiz Rahman Koul, eh bien permettez-moi de vous le présenter.

Rahman Koul me dévisage en silence. Costume de velours noir sur une blouse blanche, bonnet de renard sur la tête, large ceinture d'étoffe satinée, hautes bottes de cuir luisant : c'est un vrai seigneur de la steppe. Sa grande taille, sa carrure impressionnante, son visage impénétrable ne laissent aucun doute, l'homme est puissant et déterminé. Comme chaque année, il est descendu à Kaboul faire l'hommage de son fief à son suzerain, Mohammad Zaher. En retour, le roi le confirme dans ses privilèges : moyennant la garde des frontières, les Kirghiz sont dispensés d'impôts et de service militaire, ils ont le droit de posséder des armes et ils sont autonomes : il n'y a au Pamir aucun fonctionnaire afghan, le dernier poste militaire est situé à Qala-é Pandja, à une centaine de kilomètres du Petit Pamir.

Les yeux du khan sont fixés sur moi : il me jauge, soupèse les avantages, les inconvénients, évalue le profit, l'intérêt, le risque.

— Que voulez-vous venir faire chez nous, *âghâ-yé* Dourrr ? Pourquoi entreprendre un voyage aussi long et dangereux ?

— Khan sahib, je suis ethnolinguiste, je m'intéresse à votre peuple, à votre langue : nous ne savons rien de vous ; votre culture, votre mode de vie, votre histoire, nous ignorons tout… Je viens pour recueillir vos traditions, vos chants, fixer tout cela par écrit pour vous le rendre ensuite…

— Et vous pensez que quelques chansons de bonnes femmes valent une pareille dépense ?….

Cela n'a jamais été facile de faire comprendre à qui que ce soit l'intérêt de mes recherches, mais là j'ai intérêt à trouver rapidement un bon argument.

— Rahman Koul Khan, je pense à vos enfants, à l'avenir de votre peuple : si je décris votre langue, si j'enregistre votre culture, vos descendants apprendront à lire et à écrire, ils auront pour toujours accès au patrimoine culturel de vos ancêtres.

Le khan médite mes paroles.

— C'est juste, monsieur Dor, c'est juste. C'est important pour les enfants… Eh bien, si le roi vous donne son accord, je vous invite au Pamir, vous serez mon hôte et demeurerez chez moi.

Je viens de marquer un point important. Le Pamir est en effet une zone stratégique strictement interdite aux étrangers, et, bien que je sois professeur à l'Université de Kaboul, je n'ai aucune chance d'y accéder sans l'appui de Rahman Koul.

— Monsieur le ministre, je vous supplie de plaider ma cause auprès du roi. Dites-lui que c'est de la part d'un ancien condisciple du lycée Michelet qui met son savoir au service de l'Afghanistan…

— Cher monsieur Dor, cela ne va pas être facile du tout, parce que, vous savez, ce sont l'URSS et la Chine qui font pression sur nous pour que nous interdisions l'accès du Pamir aux étrangers. Une fois sur place, vous comprenez, rien ne vous empêche de vous infiltrer dans ces pays…

— Je comprends, bien sûr. Mais je suis un homme de science, pas un espion. Vous vous rendez compte… tout ce que nous savons sur les Kirghiz du Pamir consiste en trois lignes écrites par le Capitaine John Wood en 1836 pour dire qu'au cours de son voyage vers la source du fleuve Oxus, aujourd'hui l'Amou-Darya, on lui aurait mentionné la présence de Kirghiz en été sur le Toit du Monde, mais qu'il ne les a pas rencontrés. Il y a pour moi un fantastique challenge, et, pour l'Afghanistan, la possibilité de voir décrite et répertoriée une langue qui fait partie de sa richesse culturelle.

— Je vais voir ce que je peux faire… En tout cas, je parlerai au roi, mais soyez patient.

Je prends congé de Rahman Koul et Rawan Farhadi plutôt guilleret. Cela fait des mois que j'attends à Kaboul une occasion favorable, quelques semaines de plus ne me dérangent guère. Je me sens désormais protégé par le *kout*, la « force de vie, capacité de chance », de Rahman Koul, cette impalpable énergie qui l'a fait reconnaître comme chef. Puisqu'il m'a invité, il le dira aussi au roi…

Les semaines passent, l'hiver 71-72 s'achève, mes certitudes également… Finalement, je suis convoqué au ministère des Affaires Étrangères.

— Le roi, ayant considéré votre demande, la juge utile pour notre pays. Vous êtes autorisé à vous rendre au Pamir, mais vous devrez être accompagné par un autre enseignant de l'Université de Kaboul, le Professeur Shahrestani.

Pas de problème, je connais Shahrestani, c'est l'ancien Directeur des Douanes de Kaboul, bombardé à l'Université après je ne sais quelle erreur de parcours : il en faut bien peu pour limoger un douanier, dans un pays où ces derniers remettent aussitôt en vente la drogue qu'ils viennent de confisquer, prévenus par le vendeur des coordonnées de l'acheteur…

Maintenant que j'ai le feu vert des Afghans, il me faut lancer l'opération du côté de ma hiérarchie, car l'expédition nécessite une absence de longue durée. Je demande rendez-vous à l'ambassadeur de France.

— Pas question de vous laisser partir, monsieur Dor, c'est beaucoup trop long, beaucoup trop dangereux. Vous êtes enseignant, ici vous êtes sous ma responsabilité, vous n'êtes pas là pour faire de la recherche !...

Jamais fin de non-recevoir ne m'aura parue plus stupide et cruelle. Trois ans d'efforts et de préparation annihilés, sans qu'ait été considéré une seule seconde l'intérêt scientifique de mon expédition ! Le moral en berne, je sollicite derechef un rendez-vous avec Rawan Farhadi et lui expose le problème.

— Ne vous en faites pas, je vais m'occuper de ça...

Quelques jours passent : j'apprends que le roi d'Afghanistan m'ayant chargé de la mission de décrire une langue de son pays non encore étudiée, les autorités françaises sont heureuses de me mettre à sa disposition et de m'accorder toutes les facilités nécessaires... (Quarante ans plus tard, j'aurai l'occasion de revoir Rawan Farhadi à l'Assemblée Nationale à Paris, lors d'un congrès sur l'Afghanistan, et de lui renouveler toute ma reconnaissance.)

En route pour le Pamir donc, sans plus attendre, car ce qui a été donné d'une main peut être retiré de l'autre...

Le jour du départ, je vois arriver Shahrestani à l'aéroport, costume-cravate, souliers vernis, petit feutre taupé crânement posé de guingois, une minuscule valise à la main :

— Mais, monsieur Shahrestani, nous allons sur le Toit du Monde ! où est votre anorak, où sont vos chaussures de marche, votre équipement ???

— Pas besoin, je suis Hazara, je viens de l'Afghanistan central, la montagne ça me connaît !

Nous changeons d'avion à Koundouz pour prendre un coucou de la compagnie *Bakhtar Airlines* jusqu'à Fayzabad, capitale du Badakhchan. Le minuscule bimoteur est plein à craquer. La travée me sépare d'un fier Pachtoun qui caresse d'une main sa barbe teinte au henné, cependant que l'autre est crispée sur son fusil ; dans le fond, une chèvre bêle désespérément son mal de l'air, il faut dire que la pressurisation est totalement défaillante. Le pilote fait des merveilles car le plafond de son appareil ne doit guère dépasser celui des montagnes que nous croisons ; la plupart du temps, nous raclons des trouées entre des pics majestueux, l'avion ne cesse de sauter et de s'ébrouer, mais cela ne dérange personne, hormis la chèvre.

Fayzabad constitue le point de départ de l'expédition au Pamir. Le khan Rahman Koul y est bien connu, de sorte que le gouverneur de la province, apprenant que nous sommes ses invités, nous reçoit avec amabilité, tout en nous faisant clairement comprendre que l'autorisation du roi est valable à Kaboul, mais qu'ici c'est lui qui décide…

L'unique hôtel de Fayzabad, le *Koulup*, sis au bord de la rivière, dispose de quelques chambres, surtout fréquentées par des souris dont l'audace dépasse toutes les bornes. On y est bercé la nuit par le grondement du flot tumultueux. Il faut quelques jours pour se procurer le ravitaillement nécessaire : riz, farine, conserves, sel, fruits secs, biscuits, thé, sucre et une copieuse ration de cigarettes. La location du camion va engendrer des marchandages épineux. Je n'ai pas le choix : il n'y a pas de *jeep* disponible et, de toute façon, il n'est pas certain qu'elle pourrait parvenir jusqu'à Qala-é Pandja, à l'extrémité de la piste soi-disant carrossable. Le chauffeur exige évidemment que je paie l'aller et retour. Je refuse. On transige : je paierai l'aller, mais il prendra du fret supplémentaire pour le Wakhan et donc je ne paierai que la moitié du retour.

La traversée du Badakhchan est une bonne mise en condition : on dépasse les trois mille mètres et l'organisme s'habitue peu à peu à l'altitude autant qu'à la poussière des *xaqbâd*, ces tourbillons qui font craquer les membrures du camion. Dans la cabine surchargée, cramponné au tableau de bord, essayant d'anticiper les cahots, tremblant devant l'inclinaison effrayante du camion sur les passages rocheux, à peine ai-je le temps de jeter un coup d'œil au paysage grandiose. La traversée des torrents permet au regard de remonter jusqu'au pied des pics enténébrés de nuages. La dextérité du chauffeur est époustouflante, malgré le tangage et le roulis du camion qui se dandine au milieu des flots, dérapant sur les galets qui viennent cogner la caisse avec un bruit sec, jamais il ne relâche l'accélération pour éviter au moteur d'être noyé et nous avec, ou peu s'en faut...

Tout le long de la vallée, les champs de pavot se succèdent: pas une mauvaise herbe, ils sont méticuleusement entretenus!

Arrivé à Zebak, que surplombent les hauteurs impressionnantes du Tirich Mir (7690 m) et du Nochaq (7485 m), je suis réveillé au milieu de la nuit par deux soldats qui m'extirpent de la *tchaykhana*, la maison-de-thé, où je bivouaque:

— Le commandant veut te voir!

Mal remis des fatigues du jour, je grimpe en maugréant jusqu'à la caserne. On m'installe dans le bureau du commandant où je poireaute un long moment. Finalement, un planton ouvre la porte et me fait un clin d'œil avec un geste pivotant de la main sur la tempe droite qui me laisse augurer des moments difficiles. Il est poussé de côté par un énergumène hirsute, une vareuse militaire crasseuse passée sur un *paraan va toumban*, la chemise-et-pantalon du paysan afghan, qui n'a pas dû non plus voir la lessive depuis l'Hégire du Prophète!

— *Salam aleykoum*, étranger! Qu'est-ce que tu viens faire ici?

Son regard de braise dardé sur moi me met infiniment plus mal à l'aise que sa question.

— *Aleykoum salam, koumandan sahib* ! Je suis en route pour le campement de Rahman Koul khan. J'ai l'autorisation du roi. J'ai l'autorisation du gouverneur de Fayzabad…

— Ici, c'est moi qui commande ! me coupe-t-il abruptement.

Je commence à avoir l'habitude des transferts d'autorité !

— Dis-moi, tu ne serais pas chrétien, par hasard ?….

Aïe, je n'aime pas trop le tour pris par la conversation qui augure mal de ma conservation…

— Oui, en effet, mais quel rapport ?….

— Vous, Chrétiens, devez obligatoirement vous convertir à l'Islam ! L'Islam est la meilleure religion du monde, vous n'avez pas le choix, il faut que vous l'adoptiez !

Ce n'est pas la première fois que je dois faire face à un prosélytisme envahissant, mais là je sens venir l'arène et les lions, la croix et les clous…

— Qui c'est votre chef ? Qui c'est qui commande les Chrétiens ?….

— Euh, c'est le pape de Rome…

— Bon, alors s'il se convertit, vous êtes forcés de vous convertir tous !

— Eh bien…

— Tu vas lui téléphoner devant moi pour lui dire de se convertir !

— Mais, *koumandan sahib*, il est presque minuit, le pape dort à cette heure, on ne peut pas le réveiller comme ça. Écrivons-lui plutôt une lettre. J'irai la lui porter en mains propres dès mon retour en Europe. Il se convertira, c'est sûr.

— Va chercher du papier, dit-il au planton.

Les deux heures qui suivent sont consacrées à un débat théologique, qui ne vole sans doute pas très haut, mais dont je sens qu'il conditionne mon retour à la *tchaykhana*. Je remercie mentalement Marcel Colombe, dont les cours de civilisation islamique à l'École des Langues Orientales trouvent à cette heure une justification importante. Finalement, sans avoir eu à apostasier devant témoins, nanti du libelle destiné à faire plier la papauté, je récupère mes papiers et retourne me coucher.

Par prudence, toutefois, je sonne le clairon du départ à la pointe de l'aube, de peur de quelque revirement. Après avoir difficilement passé Ichkachim : une heure et demie pour traverser la rivière avec de l'eau jusqu'aux phares, nous finissons par atteindre le bout de la piste accessible aux rares camions qui affrontent cet itinéraire semé d'embûches.

Qala-é Pandja offre un panorama superbe et exaltant. L'Amou-Darya, qui en traversant le Badakhchan a pris le nom d'Âb-é Pandj, rivière Pandj, provient du confluent de deux rivières impétueuses : la rivière Pamir à gauche, la rivière Wakhan à droite. Entre les deux, l'éperon rocheux de Gaz-Khan qui dépasse 5500 mètres. D'un côté, la piste qui, en une centaine de kilomètres et quatre étapes, mène au Grand Pamir ; de l'autre, celle qui, en six étapes et cent soixante-dix kilomètres, mène au Petit Pamir. La rivière Wakhan est infranchissable : il y a, en principe, un gué à un kilomètre au sud-est de Gaz-Khan, mais seul le *âbbâz*, le « nageur » du hameau, connaît son emplacement mouvant.

Il faut autrement poursuivre jusqu'à Sargaz où un pont de planches branlantes permet le passage.

La nuit tombe sur Qala-é Pandja et le lieutenant qui commande la garnison locale, dont l'uniforme se résume à une sorte de casquette de treillis, m'enjoint de m'installer dans le pavillon du roi puisque je suis en quelque sorte son envoyé. Il s'agit d'un assez médiocre bâtiment en bois, parodiant vaguement un chalet alpin. Je ne tarde pas à découvrir qu'il est terriblement fréquenté : des milliers de punaises en infestent les moindres recoins. Je prends mon sac de couchage et vais finir la nuit dehors.

Le lendemain et les jours suivants, le lieutenant vient au chalet, s'installe dans une pièce et, pendant des heures, fixe la montagne de Gaz-Khan sans m'adresser un seul mot. Il a une solide tête de bourreau et je comprends que les paysans du coin le redoutent et le haïssent. Pour avoir été envoyé dans ce trou, il a dû tuer père et mère.

— Mais, mon lieutenant, qu'est-ce que vous guettez comme ça ?.... finis-je par lui demander.

— Vous comprenez, si les *chourawis*, les Soviétiques, envahissent l'Afghanistan, ma mission est de m'y opposer !

Je n'essaie pas de le détromper car l'Angleterre elle-même n'a cessé pendant toute la seconde moitié du XIXe siècle de redouter que les Russes n'envahissent l'Empire des Indes en passant par le Pamir. Mais aucune armée ne peut affronter le Toit du Monde, dont les accès sont protégés par la plus formidable barrière montagneuse du globe terrestre.

L'étape suivante consiste à organiser la caravane destinée à transporter le matériel et le ravitaillement. Ce n'est pas une mince affaire et je demande l'aide du lieutenant. On m'a recommandé de m'adresser à Chah-Sahib, un grand propriétaire wakhi, et de prendre comme *karwan-bachï*, chef-de-caravane, Rahman Bég.

— Il faudrait réunir les propriétaires de chevaux, j'ai besoin d'une dizaine de bêtes…

— Je m'en charge, nous ferons un *majlis*, « conseil », demain soir.

Sitôt dit sitôt fait, nous nous réunissons donc avec les éleveurs du coin et, les salamalecs échangés, le thé – brun foncé et trouble – bu, commencent les habituels autant qu'âpres marchandages.

— Pour chaque cheval, il faut payer deux cents afghanis par jour[2].

— Trop cher, je ne peux pas, je vous en propose la moitié.

— Impossible. L'an passé un Américain est venu chasser le mouflon marco-polo, il a payé sans discuter !

— Oui, mais les Américains sont riches. Votre chasseur, il avait déjà payé 6 000 dollars à Kaboul pour avoir l'autorisation de chasser !.... Écoutez, je fais un dernier effort, je vous paierai cent dix afghanis. Amenez-moi les chevaux après-demain matin !

Tope là ! Nous sommes donc d'accord ; je retourne dans ma tente puisque j'ai laissé le chalet à ses habitantes. Le jour dit, je vois arriver les chevaux et les guides :

— Mais, mais où sont les selles, où sont les bâts, les mors, les brides, les rênes ????.....

— Eh bien tu as fait le marchandage pour avoir des chevaux : les voilà... Si tu veux les harnais, c'est une autre affaire !.....

Je m'en tirerai pour trente afghanis de plus par jour, mais je n'oublierai jamais la leçon : en matière de négociation, je suis un enfant de chœur à côté des Afghans !

Au passage, j'apprends que les Soviétiques viennent d'envoyer un convoi de trente-deux camions de ravitaillement à Rahman Koul. Information à vérifier, la quantité de camions me paraît hyperbolique.

Le 1er juillet 1972, départ pour le Wakhan. À la mi-journée, alors que nous sommes parvenus à Qala-é Ust, à une vingtaine de kilomètres de Qala-é Pandja, le chef-caravanier me dit :

— On s'arrête là pour aujourd'hui.

— Mais pourquoi ?.... On a encore tout l'après-midi devant nous !....

— Mon grand-père s'arrêtait là, mon père s'arrêtait là, moi aussi je m'arrête là !....

Péremptoire. Je ne peux rien rétorquer. Au demeurant, vu que je n'avais auparavant jamais mis le pied à l'étrier, les quatre ou cinq heures de chevauchée de ce jour sont une épreuve suffisante.

Les jours suivants, nous dépassons de nombreux hameaux ceints d'une poche de verdure. Sortes d'oasis dans un désert de rocaille. « Hameau » est d'ailleurs un grand mot pour ces huttes de pierre et de pisé qui se confondent avec la grisaille ambiante au point de devenir indiscernables des rochers. Les Wakhis sont d'une pauvreté absolue, mais ils sont ismaéliens. Comment font-ils pour payer la dîme à l'Agha-Khan en son château de Maisons-Laffitte ? À chaque étape, je vois arriver un contingent de malades et de blessés que je soigne tant bien que mal.

Passé Sarhad, la piste devient très difficile, Rahman Bég m'annonce :

— Aujourd'hui, tu dois choisir : soit tu vas à cheval, soit tu vas à pied... Si tu choisis le cheval, tu ne pourras pas en descendre...

Je croyais qu'il plaisantait. Mais non, pas du tout. L'étroitesse de la piste est vertigineuse. D'un côté, j'ai la jambe qui frotte contre la paroi rocheuse ; de l'autre, mon étrier est dans le vide. Plusieurs centaines de mètres plus bas, gronde la rivière Wakhan. Par moments, la piste est constituée de rondins enfoncés plus ou moins dans le roc et recouverts de pisé. Le cheval bute et sa main arrière n'échappe à l'abîme que par le sursaut du cavalier et son coup de cravache. Il faut vider les malles et en transporter le contenu à dos d'homme dans des sacs, car un cheval bâté ne passerait pas. L'ascension du Kotal-é Daléz, étroite passe à 4200 mètres, nous prend quatre heures pour une dizaine de kilomètres : les hommes et les chevaux s'arrêtent sans cesse pour reprendre souffle. Au sommet, je découvre dans une anfractuosité un roc sculpté de bouquetins et de figurines anthropoïdes.

Nous sommes désormais en pleine montagne, dans une zone totalement déserte. C'est en quelque sorte le sas entre le Wakhan et le Pamir. Shahrestani commence à m'inquiéter, il saigne du nez sans cesse, se plaint de céphalées et de bourdonnements d'oreille. Dès que nous serons arrivés, après quelques jours de repos, il redescendra à Kaboul.

À Langar, nous retrouvons la rivière Wakhan et une steppe bosselée où les chevaux avancent d'un bon pas. Le plus dur est passé. Les guides wakhis affirment que la route est infiniment plus facile en hiver, puisqu'on chevauche sur la rivière gelée, c'est pourquoi Rahman Koul descend à Kaboul à ce moment-là. Sans doute, mais je suis déjà totalement frigorifié et anesthésié par cette bise glaciale qui souffle en permanence jour et nuit, le terrible *bâd-é Wakhan*, dont même les chevaux cherchent à se protéger en tournant la tête et en avançant en crabe. Je n'ose pas imaginer le même fléau par – 30°.

Sous l'œil ébahi de grands chameaux de Bactriane qui paissent en liberté tout l'été à Baza'i-Goumbaz, je plante ma tente à côté du mausolée qui donne son nom à cet endroit. Et je songe à la scène qui s'est déroulée ici même il y a quatre-vingts ans, à la fin du mois de juin 1890. Le lieutenant Younghusband, bras armé du Raj, le puissant Empire Britannique des Indes, dort paisiblement dans sa tente après une journée d'exploration. Soudain, au milieu de la nuit, il est réveillé en sursaut par un bruit de galop, un cliquètement de sabres, des ordres qui claquent. Younghusband enfile un manteau sur son pyjama, se précipite hors de sa tente pour tomber nez à nez avec le colonel Yonoff à la tête d'une *sotnia* de Cosaques !

— Par ordre du tsar, lui dit l'officier russe, vous devez à l'aube quitter Baza'i-Goumbaz et le Pamir et vous en retourner d'où vous êtes venu, au Turkestan chinois, sous peine d'arrestation immédiate. Vous êtes actuellement en territoire russe !

Mensonge éhonté, bien sûr, mais qui va avoir des conséquences diplomatiques importantes. Suite à cette altercation, le *Foreign Office* de Londres va tenter de pousser les Chinois à faire valoir leurs droits – réels et historiques – sur le Pamir. Peine perdue, le Fils-du-Ciel a d'autres chats à fouetter que de risquer un conflit avec le tsar pour des montagnes arides et désolées. Les Anglais se tournent alors vers l'émir de Kaboul sur lequel ils font pression. Abd-our-Rahman répond, avec une totale absence d'empressement, qu'il n'a aucune envie de prendre fait et cause pour une poignée de bandits kirghiz, qui au surplus n'ont rien à voir avec le noble peuple pachtoun. Mais il change complètement d'avis sitôt que l'Angleterre lui propose en échange de mettre la main sur le Kafiristan. Dès lors, le Pamir afghan est constitué. Ses frontières seront officialisées en 1895 par une commission anglo-russe. Voilà l'origine du « doigt de gant » afghan qui pointe toujours vers la Chine. Il n'en demeure pas moins que la quasi-intégralité du « gant » a été purement et simplement annexée par les Russes. Les Tadjiks en ont désormais hérité : pourront-ils le conserver le jour où la Chine le réclamera ?

Des hauteurs qui surplombent Baza'i-Goumbaz le panorama est prodigieux : l'œil embrasse toute l'étendue du Petit Pamir et bute à l'horizon sur les massifs du Mouztagh-Ata et du Kongour, à plus de 7500 mètres. À droite, vers le sud-est, la vallée de Wakhjir que domine un glacier. Là, naît le torrent qui deviendra le majestueux Amou-Darya. C'est à Lord Curzon, futur vice-roi des Indes, voyageant au Pamir en 1893, que l'on doit cette découverte. Je ne sais si, comme moi, il s'est laissé aller à la griserie indicible que procure ce spectacle du déferlement des montagnes les plus hautes du monde, frise-lis houleux que découpe l'azur sombre du ciel. Toutefois j'accepte de tempérer cette ivresse par la sage remarque d'un voyageur aujourd'hui oublié, le comte Hermann de Keyserling : « La grandeur d'un espace n'a en elle-même rien de grandiose : pour que l'espace produise un sentiment de grandeur, il faut qu'il exalte le sentiment du moi ; et cette exaltation dépend des circonstances personnelles »[3].

Dévalons maintenant vers le campement de Rahman Koul qui n'est plus qu'à une étape d'ici. Dès que nous avons pénétré dans le Wakhan, nous sommes attendus, car, ici comme ailleurs, les informations circulent vite !

L'accueil est, comme toujours en Afghanistan, très formel : à une heure de route de Tergen Goroum, un groupe de cavaliers a été envoyé comme escorte d'honneur. Soyons à la hauteur de l'arrivée face au khan et aux notables qui font la haie. Je parviens à descendre de mon cheval d'un mouvement preste et coulé, comme si j'avais fait ça toute ma vie. Je tends ma cravache à un *djiguite*, cependant qu'un autre serviteur s'empare des rênes de mon cheval. Le khan me donne l'accolade et s'enquiert de mon voyage. Nous pénétrons dans sa yourte : attention ! Il ne faut surtout pas fouler le seuil, grave incorrection et mauvais présage. Autrefois, la mort sanctionnait ce geste inconsidéré. Heureusement, notre époque est plus tendre et je suis vigilant.

Au cours du banquet qui suit, Rahman Koul va me surprendre :

— *Tabrik*, *âghâ-yé* Dourrr, félicitations ! Votre président Fonfidou vient de nommer un nouveau premier ministre.

Moi qui me croyais revenu des siècles en arrière, au terme d'une lutte épique contre les éléments déchaînés, les pistes, les rivières et leurs embûches, voilà que je suis projeté dans l'actualité politique française la plus brûlante : quelques jours plus tôt en effet, Pierre Messmer avait été choisi par Georges Pompidou comme chef du gouvernement. Rahman Koul est à l'écoute du monde grâce à son poste de radio Satellite ultra-perfectionné.

Son sens politique, toujours en alerte, lui a permis de se maintenir depuis quarante ans à la tête des Kirghiz du Pamir. Il n'y a chez eux ni pouvoir héréditaire, ni élection : les voix se pèsent plus qu'elles ne se comptent. Nul jamais ne vous nomme khan, mais tous un jour vous reconnaissent comme tel.

Rahman Koul Khan est né en 1913 à Mourghab (l'ancien Pamirskij Post des Russes), au Pamir tadjik. Il appartenait déjà à une lignée de chefs puisque son père Djabar Koul était *ming bachï*, « chef de mille ». Sa mère, Apida, mourut quelques années après sa naissance et son père se remaria avec Zouhra. Rahman Koul a deux frères et deux sœurs. En 1942, son père disparaît tragiquement, empoisonné semble-t-il à l'instigation des Soviétiques. C'est alors qu'il prend le pouvoir.

D'autant plus facilement qu'il a un passé de chef de guerre bien établi. Il est un peu avare de précisions sur les troubles escarmouches qui l'ont opposé aux Soviétiques et aux Chinois pendant les années 40, mais je sais à quoi m'en tenir grâce à l'article d'un couple d'Américains publié en 1950 dans le *National Geographic Magazine*[4] :

« Deux ans plus tôt, Rahman Qul et sa tribu ont traversé les Pamirs russes. Là, ils ont pillé une caravane et tué tous les hommes. Poursuivis par les Russes, ils se sont enfuis au Turkestan chinois et se sont installés près du poste frontière de Mintaka. Rahman Qul a lié amitié avec la petite garnison chinoise. Un mois avant que nous le rencontrions, il avait invité le commandant et sa garnison de huit hommes à un repas lors d'une fête musulmane. Alors que les Chinois étaient en train de manger, les membres de la tribu de Qul ont tout volé dans la tente et tué tout le monde de sang-froid [...] Ils ont pillé la garnison de ses armes, munitions, chevaux et provisions, puis ont repassé la frontière afghane et se sont réinstallés sur le plateau de Pamir. »

Depuis des siècles, les Kirghiz ont une réputation exécrable et bien établie : non content de piller les caravanes et de faire des razzias dans les villages des vallées voisines, ils vendaient leurs prisonniers sur les marchés aux esclaves de Khokand et de Boukhara. Il est clair que le Pamir est un sanctuaire où viennent s'abriter des gens qui ont maille à partir avec les autorités. Je ne crois pas que qui que ce soit ait envie spontanément de s'installer à demeure au sommet du Mont Blanc, car c'est à peu près à cette altitude que se trouvent les campements d'été des Kirghiz !

De plus, et surtout, le Pamir est depuis la fin du XIXe siècle la plaque tournante du trafic d'opium vers la Russie et la Chine. Le commerce du pavot est entre les mains des grands propriétaires latifundiaires et marchands tadjiks et pachtouns du Badakhchan, les caravanes d'opium allant de Fayzabad, en Afghanistan, à Yarkand, au Turkestan chinois, via Ichkachim[5]. Les autorités tsaristes essaient d'agir, mais sans résultats : quand le colonel Ivan Jagello prend la tête du détachement du Pamir en avril 1914, il constate l'étendue des dégâts. Ses prédécesseurs n'ont pu juguler la consommation d'opium. Quand il part en 1917, il relève que la drogue dévaste des villages entiers[6]. À partir de 1920 la répression s'organise et les saisies de drogue augmentent pendant une courte période, mais les trafiquants afghans restent insaisissables. Le commerce est florissant, d'autant que l'époque est troublée : la création de l'URSS puis son soutien aux communistes chinois contre les nationalistes de Tchang-Kaï-Tchek, vont engendrer le mouvement des *basmatchis*, correspondant aux actuels *moudjahjidins*, à la fois résistants et bandits de grands chemins, tirant leurs ressources du trafic d'opium et de celui des armes. La rébellion de Hodja Niyaz, président de l'éphémère République du Turkestan Oriental (1933-34), va être réprimée avec l'aide de l'Armée Rouge. À noter que Zaher Chah, qui vient d'accéder au trône à Kaboul, refuse de soutenir Hodja Niyaz, ce qui permettra aux Soviétiques de s'implanter solidement et de contrôler les approches du Pamir. En avril 1934, Genrikh Jagoda, chef de l'OGPU (ancêtre du KGB), discute avec Staline la « question pamirienne ». Ce dernier décide d'envoyer des troupes supplémentaires sur le Toit du Monde. En 1936-1937 elles bouclent la région. Dès lors, le trafic de l'opium délaissera cet itinéraire, avant d'y revenir à la fin de la décennie. D'après les Kirghiz, la fermeture des frontières soviétique et chinoise au Pamir est effective à partir de 1938, mais il est impossible de surveiller efficacement la région, qui demeure poreuse.

Quelle que soit l'origine de la fortune de Rahman Koul, celle-ci est bien établie. Il possède d'immenses troupeaux qu'une bonne centaine de bergers et de bergères entretiennent pour lui au Petit et au Grand Pamir. C'est également un propriétaire terrien : il a acquis des champs en divers endroits du Wakhan. Il dispose de maisons à Sarhad, Fayzabad et Kaboul. Je ne sais rien de ses comptes en banque.

Toujours est-il que les Kirghiz éprouvent pour lui admiration, respect et attachement. Sentiments que je partage en raison également de sa vive intelligence. J'ai beaucoup travaillé avec lui, car Louis Redard et Charles Kieffer, promoteurs de l'*Atlas Linguistique de l'Afghanistan*[7] m'avaient chargé du relevé pour le kirghiz. Le questionnaire était tout à fait inadapté à des pasteurs nomades, ayant été prévu pour des sédentaires majoritairement iranophones. Sans le khan, je n'aurais jamais pu traduire les entrées « chapeau melon » et « stuc de décoration » ! Et pourtant, Rahman Koul n'a jamais fait d'études dans une *madrasa*, école coranique. C'est son père qui lui a appris à lire et à écrire, et lui-même, à son tour, dispense une éducation culturelle et religieuse aux enfants de Tergen Goroum et des campements voisins. En matière de religion d'ailleurs, le khan jouit d'une réputation flatteuse car, à la fin des années 50, il a effectué le Pèlerinage à La Mecque et se trouve donc *hadji* ; au cours de ce voyage, il est entré en contact avec de nombreux responsables politiques en exil, notamment Isa Yousouf Alptekin, chef de file des Centre-asiatiques en Turquie.

Rahman Koul est l'intermédiaire entre le gouvernement afghan, l'administration et les Kirghiz. Tout fonctionnaire, marchand ou voyageur qui se rend au Pamir est tenu de lui faire une visite de courtoisie avant de se rendre où ses affaires l'appellent. Comme je l'ai indiqué, il est responsable des frontières ; or les litiges frontaliers ne sont pas rares. Certains Kirghiz, à la poursuite de yaks ou de chevaux échappés, s'égarent involontairement au Tajikistan ; sous la neige il est parfois difficile de savoir où l'on se trouve. D'autres le font volontairement, pour des raisons moins avouables. J'ai rencontré au Grand Pamir un membre du clan Kesek qui m'a dit :

— Ouais, la *Loubianka*, je connais, j'ai passé trois ans en tôle du côté de Moscou...

— Normalement, quand on vous arrête, on vous emprisonne à Douchanbé et le khan demande à l'Afghanistan d'intervenir, comment ça se fait qu'on t'ait emmené dans la capitale ?

— Eh ben, j'en sais rien, c'est comme ça...

La raison, je la devine. Il transportait de l'opium. Ce qui est triste, c'est que les Kirghiz se sont mis aussi à en consommer.

La dépendance ayant des conséquences navrantes : un berger kirghiz opiomane, incapable de régler sa dette à un marchand tadjik, dut lui donner en compensation sa fille (elle mourra à Fayzabad deux ans plus tard). Il est vrai qu'en 1971 une sécheresse terrible s'était abattue sur l'Afghanistan, engendrant une épouvantable famine qui avait eu des conséquences désastreuses jusqu'au Pamir où le *djout*, l'épizootie, avait ravagé le cheptel. J'avais constaté à cette occasion la cruauté du monde : entre les bourgeois de Kaboul qui allaient en province se servir en esclaves domestiques, garçons et filles, que les parents donnaient pour qu'ils ne meurent pas de faim, et les antiquaires du monde entier qui sillonnaient le pays pour racheter, concrètement pour une bouchée de pain, toute sorte d'objets précieux, la même avidité, le même esprit de lucre, l'absence totale de pitié face au désespoir et à la souffrance.

L'autorité de Rahman Koul en matière d'administration intérieure est absolue. Il a le droit de haute et de basse justice, règle les différends entre familles, répartit les héritages. Sa réputation de juge et d'arbitre est si bien établie que j'ai vu des Wakhis venir de Qala-é Pandja lui demander de trancher leurs désaccords. Comme saint Louis qui guérissait des écrouelles, le khan est aussi rebouteux : il soigne les malades et, sous mes yeux, il a réduit la fracture du bras d'un enfant qu'on lui avait amené d'un campement voisin. Arbitre des élégances, il a institué pour les hommes le port du costume en velours noir et supprimé pour les femmes le port de la coiffe traditionnelle, trop encombrante, remplacée par un simple voile. Il veille aussi à l'entretien des pistes, périodiquement coupées par les intempéries et les éboulements.

Les sujets de Rahman Koul représentent quatre cent soixante-neuf foyers ou *khana*. Comment est-ce que je connais ce chiffre ? Eh bien, pour la raison suivante. Le fameux convoi soviétique d'aide humanitaire, dont on m'avait parlé dans le Wakhan, avait déposé au campement de Mahmoud Bay à Jar-Tourouk du riz, du sucre, du thé, du savon, du pétrole, du tissu, des galoches en caoutchouc, mais aussi des râteaux et des fourches ! Il fallait répartir tout cela sans se tromper et le khan, faisant confiance à mes capacités arithmétiques, m'avait demandé de contrôler la distribution. Elle dura trois jours, ponctués de banquets et de *bouzkachis* (joutes à cheval autour de la carcasse d'un bouc), appelés en kirghiz « loup gris », *kök böru*, car en lieu et place de bouc décapité les Kirghiz utilisaient une carcasse de loup.

Des loups, il y en a beaucoup au Pamir et ils rôdent sans cesse autour des campements, chassant agneaux et moutons. Quand j'entendais leurs hurlements la nuit, je me remémorais, à l'abri de la yourte, la belle phrase de Gaston Bachelard : « Tout espace vraiment habité comporte en soi l'essence de la notion de maison »... Quand les loups ont sévi dans un enclos, les Kirghiz organisent une battue ; mais, pour ces chasseurs invétérés, le loup n'appartient pas à la catégorie « gibier », sa chair n'est pas consommée, donc on le chasse au fouet et non pas au fusil, la poudre et les balles sont réservées à la poursuite du mouflon marco-polo.

Pourquoi *Ovis ammon polii* porte-t-il le nom du célèbre marchand et voyageur vénitien ? C'est ce que nous allons découvrir en nous intéressant à ce lieu de mystère, dont le nom même attire inexplicablement : Pamir.

Un des troupeaux de Rahman Koul.

La demeure
Le Toit du Monde et ses habitants

Quand le temps était encore à l'intérieur du temps, quand il n'avait pas encore échappé au reverdissement printanier de l'herbe, quand il n'avait pas d'autre mesure que la course des Pléiades dans le ciel d'hiver, nos ancêtres parcouraient déjà le Toit du Monde. Dès le paléolithique, ils nous ont laissé des traces inscrites dans la pierre. Appelons-les des « lithoglyphes », des mots grecs qui signifient « pierre » et « graver ». J'ai découvert par hasard la première pierre gravée, j'ai cherché les suivantes par jeu ou pour tromper l'ennui des interminables journées de cheval[8]. Ces gravures animalières nous renvoient à des époques obscures, où le Pamir était un giboyeux terrain de chasse. On y poursuivait l'ibex et le mouflon. Ce dernier fut décrit en ces termes pour la première fois par Marco Polo[9] dans sa traversée du Pamir :

« Il y a très grande abondance de toutes bêtes sauvages. En particulier y a très grande multitude de moutons sauvages qui sont très grands, car ils ont des cornes très longues, certaines de six bonnes palmes[10] de long [...] et fort grosses. »

C'est toutefois le yak sauvage qui constituait la proie la plus recherchée. La pierre de Zang Kouk (entre Baharak et Langar) dépeint une scène de chasse au boviné. Elle nous fournit un point d'ancrage dans le temps, puisque le yak sauvage disparaît au mésolithique (de 10000 à 5000 ans avant notre ère).

Sur certaines pierres figurent des représentations humaines dépourvues d'armes. L'une d'elles semble tendre la main gauche (la main du cœur) vers un ibex en un geste d'approche ou de supplication ; non loin, un autre personnage, les bras ballants, est environné d'ibex. Quel sens donner à ces gravures ? L'idée d'immortaliser la joie du chasseur heureux me semble résolument moderne et inadéquate : il n'y a guère d'intérêt à poser à côté de son trophée de chasse tant qu'on ne veut pas ramener un souvenir de vacances ou de safari ! Privilégions plutôt une approche cultuelle : il doit s'agir d'une forme de prière, d'une incitation faite au gibier de croître et se multiplier. Peut-être une sorte de rançon, de tribut que le chamane inscrit au compte du gibier abattu, pour apaiser ses mânes et faire que la déité – le *tengri* – qui gère les âmes du vivant, hommes et bêtes mêlés, renvoie sur la terre des hommes le gibier nécessaire à leur survie. Il reste aujourd'hui, chez les Kirghiz du Pamir, une trace indirecte de cette croyance : c'est le *soogat* ou don-de-butin : tout chasseur heureux doit obligatoirement donner la meilleure part de l'animal abattu à la première personne qu'il croise sur le chemin du retour. Ainsi est transférée la responsabilité de cet acte grave qui déséquilibre la relation entre monde humain et monde animal.

Laissons filer les siècles pour arriver à l'époque historique où les Aryens envahissent l'Inde. Les orientalistes du XIXe siècle et, particulièrement Eugène Burnouf[11], localisent le paradis aryen au Pamir, d'où son nom *Oupa-merou* « la région située au-delà du mont Merou ». Dans les *Pouranas* (« Temps Anciens »), textes sacrés hindouistes, on trouve des indications vagues, à partir desquelles le mont Kailasa a été identifié par la tradition populaire comme étant le mont Merou. Ce dernier est l'axe du monde ou, ainsi que les textes le désignent, « le péricarpe du lotus de la terre » qui s'élève jusqu'aux régions célestes et s'enfonce jusqu'aux régions infernales. Le *Bhagavata Pourana*, une sorte d'encyclopédie, nous informe qu'au sommet du Merou se trouve la ville du bienheureux Brahma, qu'elle est entourée par le Gange qui tombe du ciel à la suite de la rupture de la coquille de l'univers par Vichnou. Situé au nord-ouest du Népal, à la limite entre la chaîne du Transhimalaya et le plateau tibétain du Tchang-tang, le mont Kailasa domine le lac Manasarovar. À vrai dire, le paysage décrit est tout à fait semblable à celui du Pamir, surplombant le lac Zor Köl, et qui donne naissance à ce puissant fleuve qu'est l'Amou-Darya.

Je me garderais cependant de trancher dans ce débat, me contentant d'observer que si, au Pamir, par l'altitude, on est proche du ciel et des délices paradisiaques, par les conditions générales d'existence on serait plus proche de l'enfer. Je vois donc au mieux dans le Toit du Monde un purgatoire, un *refugium peccatorum*, où le pécheur trouvait rémission de ses fautes, un refuge où l'opprimé échappait à la vindicte du puissant, le vaincu à la cruauté du vainqueur.

Le Pamir fut aussi chemin où l'on se hâte, des grands centres commerciaux de l'Hexapole (les oasis du Xinjiang) vers les riches cités occidentales de la Route de la Soie. Dès la fin du Ier siècle de notre ère, un marchand macédonien, Maès Titianos, envoie ses agents commerciaux en Sérique (Chine). Ils traversent le Pamir en trois étapes, dont ils nous ont laissé les noms : la Vallée des Comèdes (*Vallis Comedarum* ; probablement le Wakhan), la Tour de Pierre (*Turris Lapidea* ; l'actuel Tachkourgan « Fort-de-Pierre » au Pamir chinois), la Station des Marchands (*Statio Mercatorum* ; Yarkand ou Khotan, villes marchandes aujourd'hui encore). On ne sait rien de plus, car Maès s'est gardé de fournir toute précision qui aurait pu être utilisée par un concurrent ; même la durée qu'il indique, une centaine de jours de voyage, est fantaisiste : pour la même distance, Marco Polo mettra quarante jours (il n'y a pas lieu de traînailler dans ces régions inhospitalières). Néanmoins le témoignage de Maès Titianos est capital : il révèle qu'on pouvait à cette époque exporter et importer sans trop de risques des produits de luxe à l'autre bout du monde parce que régnait une triple paix. La *pax romana*, garantie par le glaive des légions, s'étendait de la Mésopotamie au pays des Parthes ; la *pax kouchana* instaurée par Kanichka, souverain de l'Empire Kouchan (Afghanistan et Tadjikistan actuels) lui faisait suite ; enfin la *pax sinica* régnait sur les oasis et principautés de ce qui sera appelé plus tard le Turkestan chinois. Mais le Toit du Monde restait parfois agité, ainsi que le rapporte le *T'ang-chou*, chronique de la dynastie T'ang (618-907 après J.-C.) : « Dans les quatre gorges de la vallée de Po-mi (*Pamir*), les indigènes ne se conforment guère aux ordres impériaux. Ils ont coutume de demeurer dans des cavernes. » Malgré les brigands des grottes pamiriennes, Hiuan-tsang, ou comme l'appelle son biographe le Maître-de-la-loi, le plus célèbre pèlerin chinois, n'hésite pas à franchir le Pamir en 644 après J.-C. avec sa besace pleine de manuscrits bouddhistes ramenés des chaudes plaines de l'Inde. Il décrit ainsi le lac Zor Köl du Grand Pamir : « Le bassin de ce lac, situé au milieu des monts du Pamir, est excessivement élevé. Ses eaux sont pures et claires comme un miroir, personne n'a pu en sonder la profondeur. Elles ont une couleur noir-bleu et une saveur agréable. À leur surface se promènent des canards, des oies sauvages, des grues, etc. »

Il faut attendre la seconde moitié du XIIIe siècle pour avoir une description encore plus détaillée sous la plume du marchand vénitien Marco Polo. J'ai mis tout simplement mes pas dans les siens en suivant ses indications : « Quand l'on se part de ce petit pays (*le Wakhan*), si chevauche-t-on trois journées par Grec et par Levant, toutefois par montagne, et monte-t-on tellement que l'on dit que c'est le plus haut lieu du monde ». Marco Polo, au sortir du Wakhan, a voulu prendre la piste du Grand Pamir, dont on lui a indiqué qu'elle était plus facile à suivre. Arrivé au confluent de l'Âb-é Wakhan et de l'Âb-é Pamir, il cherche vainement le gué. Pas évident à trouver : la rivière est large, le courant extrêmement violent, rien que des rochers et pas le moindre grain de sable : tout cela n'est pas engageant. Prudemment, Marco remonte la rivière. Il arrive à Sargaz. La rivière se rétrécit, au point qu'aujourd'hui on y a jeté un pont. Le Vénitien traverse, puis se dirige vers le nord et ensuite l'est (*par Grec et par Levant*). Il rejoint ainsi la piste du

Grand Pamir, ce qui prend exactement trois jours. « Et quand on est monté, se trouve un plain où il y a un flum large et beau et la meilleure pâture du monde car une maigre jument y deviendrait grasse en dix jours ; avec grande abondance de sauvagine et de moutons sauvages. » Marco et ses oncles sont proches de la vallée de Jangal ; la rivière Pamir, jusque-là resserrée entre deux rives montagneuses, s'élargit au point de paraître un « flum large et beau ». En persan *jangal* désigne un bois ou une forêt (nous en avons tiré le mot « jungle ») : Jangal est le seul endroit du Pamir où l'on trouve arbustes, buissons et broussailles. J'y ai vu de nombreux troupeaux laissés à l'estive, c'est donc toujours la « meilleure pâture du monde »...

Effectuons de nouveau un allègre saut temporel pour nous retrouver à l'orée du XVIIe siècle. Les Jésuites sont lancés à la conquête du monde : le père Matteo Ricci en Chine et le père Antonio de Andrade au Tibet font des prouesses admirables ; mais il en est un moins connu, Benoît de Goez, qui n'hésite pas à se risquer au Pamir pour rejoindre Yarkand : c'est, écrit-il au père Du Jarric, « un lieu désert où l'on ne trouve ni habitants, ni aucuns moyens de ravitaillement », il souligne « qu'il avoit passé le plus fâcheux et pénible chemin de tous, c'est à savoir, le désert de Pamech… », qu'il mettra quarante jours à traverser, durée cohérente avec celle fournie par Marco Polo ; au passage, je relève que l'informateur qui lui a fourni le toponyme – en même temps que l'itinéraire sans doute – était un turkophone, car en turk le /r/ final est chuinté, d'où la notation « Pamech ».

Au XIXe siècle, c'est une véritable bousculade : explorateurs, voyageurs, commerçants, espions, chasseurs, dames de compagnie, aristocrates et bourgeois : tout le monde veut aller au Pamir ! J'ai même au fond d'une malle le prospectus d'une agence de voyage parisienne qui, en 1905, propose une traversée du Pamir et détaille le trousseau que les messieurs et les dames devront prévoir : hallucinant sur le plan quantitatif des robes, jupons et pelisses indispensables !

Mille et une étymologies du mot « Pamir » sont alors proposées. Rawlinson y voit le rapprochement des mots « Fan » et « mir » : le premier désignant un peuple qui, d'après Strabon, se trouvait à l'est du royaume de Bactriane, le second venant du sanscrit « mer », soit Fanmir, Famir, Pamir

« la région lacustre des Fan ». Sous la plume de Faiz Buksh, un agent indien du Raj, nous trouvons l'hypothèse Bamyer, du persan *bam* « toit » et de l'ouzbek *yer* « sol, terre » donc « Toit de la Terre ». Nous avons aussi la proposition de G.N. Curzon : *pay-i-mir* « Pied de la Montagne » ; ou encore d'après d'autres orientalistes : *pa-i-mir* « Pied du Chef », *pay-i-mehr* « Pied du Soleil » etc. etc....

Mais assez parlé du territoire, il nous faut maintenant y faire pénétrer ses habitants, les Kirghiz. Allons les chercher à leurs débuts : peu après l'an 840 de notre ère, le général-prince Boyla Koutloug Yaragan fait entrer les Kirghiz dans l'histoire par cette phrase gravée sur un roc en Mongolie : « Du pays des Ouïgours je suis parvenu à chasser les khans Yaglaqar : je suis Kirghiz ! »[12]. Issus des lointaines steppes des monts Sayan en Sibérie méridionale, les Kirghiz viennent d'écraser les Ouïgours, de les chasser de Mongolie où ils se trouvaient et de les pousser vers les oasis du Xinjiang où nous les voyons aujourd'hui. Mais l'empire kirghiz s'effondre un bon siècle plus tard, aux environs de l'an mil, et les clans kirghiz se dispersent vers le nord dans la région du Haut-Iénisséï. Gengis-Khan dans les premières années du XIIIe siècle réclame leur soumission et les enrôle dans son armée. Un corps expéditionnaire kirghiz sera envoyé au fin fond de la Mandchourie en prévision d'une invasion de la Chine que le khan mongol n'aura pas le temps de finaliser : ils y sont restés bravement, attendant les ordres, et c'est pourquoi l'on trouve aujourd'hui dans la province du Heilongjiang une dizaine de milliers de Fou-yu Kirghiz, totalement noyés au milieu de millions de Han !....

Jusqu'au XVIIe siècle, les Kirghiz du Iénisséï sont tour à tour sujets des Mongols, des Russes, des Kalmouks. Excédés par leurs brigandages perpétuels, les Kalmouks finissent par les déporter en 1703 dans la région des Sept-Rivières, le Semiretchye. Mais l'impulsion une fois donnée, certains groupes poursuivent leur route vers le sud-ouest : parmi eux se détachent les Teyit et les Kesek. Au XVIIIe siècle les Teyit sont établis dans la vallée de l'Alay, les Kesek dans le Karategin. Poussés par le besoin constant de nouveaux pâturages, les Teyit franchissent la passe de Kïzïl-Art (Col-Rouge) qui relie la vallée de l'Alay au Pamir tadjik et accaparent la plus grande partie du Pamir, Certains poursuivent en direction du Ladakh, et peut-être du Tibet[13]. Les Kesek n'arrivent au Pamir que plus tardivement, fuyant le khan de Khokand qui conquiert le Karategin en 1834. Au contraire des Teyit qui abordent le Pamir par l'est, eux passent par l'ouest, à travers le Darwaz et le Choughnan. Ils se fixent au Grand Pamir dans la seconde moitié du XIXe siècle, cependant que les Teyit occupent le Petit Pamir. La souveraineté – tout à fait nominale – sur ces territoires est partagée entre le khan de Khokand, l'émir de Kachgar et – via le mir du Wakhan – l'émir de Kaboul. Au demeurant les Kirghiz s'en soucient peu, s'estimant chez eux et nomadisant sans contrainte à travers toute l'étendue pamirienne. Peu pressés de payer l'impôt, les Kirghiz du Pamir sont prompts au vol et au pillage, comme le relève l'explorateur français Gabriel Bonvalot[14]. À la fin du XIXe siècle, la population kirghize du Toit du Monde n'excède pas trois mille personnes. La pression impérialiste anglaise, russe, et chinoise amène la partition du Pamir en 1895. Une vingtaine d'années plus tard, la grande révolte de 1916 (qui embrase toute l'Asie Centrale suite à l'ordre de mobilisation forcée des Musulmans de l'Empire russe comme « travailleurs de guerre ») sera suivie d'une répression féroce. Les Kirghiz du Pamir s'enfuient précipitamment en Chine, dans la vallée de Tagharma, la vallée de Sarikol et la région de Kachgar. Ils reviendront en 1920, accompagnés d'autres Kirghiz de Chine, les Nayman.

Ils s'installent dès lors à demeure au Pamir afghan. Comme nous l'avons vu, Rahman Koul prend le pouvoir au début des années 40 et réorganise leur vie pastorale. Ces éleveurs de haute altitude passent d'un nomadisme extensif (une centaine de kilomètres) à un nomadisme intensif (une dizaine de kilomètres). Leur existence quotidienne procède des gestes éternels qu'imposent le contact du bétail et l'insertion dans un milieu naturel rude.

Chez les habitants du Toit du Monde, l'homme est du dehors, la femme du dedans. Maîtresse du feu domestique, auquel elle a été présentée en tant que jeune bru, et qui est sien désormais, la Kirghize règne sur la yourte ; c'est elle qui a la clé des coffres parce que c'est elle qui transforme les denrées brutes en aliments nourriciers. L'homme est tourné vers l'extérieur. Il sillonne la montagne. C'est un arpenteur : il connaît les points et les lignes ; il sait les endroits où le bétail peut paître, où l'homme peut s'abriter ; il connaît les itinéraires et les voies ; il a repéré le gué que l'on peut franchir à l'aube, avant que les rayons du soleil ne transforment le torrent en monstre rugissant.

La vie quotidienne des Kirghiz est conditionnée par deux saisons : la mauvaise, de novembre à mai, où les cols sont fermés, les campements isolés et où chacun se débrouille pour survivre ; et la bonne où dominent les activités pastorales. Voici une journée-type : avant l'aube, vers quatre heures, la femme se lève, rallume le feu, soit à l'aide de médiocres allumettes soviétiques, soit plus sûrement à l'aide du briquet de silex et d'un peu d'amadou. Elle met le thé à bouillir et tire ensuite la pièce de feutre qui couvre la coupole de la yourte : le froid glacial réveille aussitôt tout le monde. Les hommes partent s'occuper des troupeaux ou entretenir les pâturages : il est indispensable de surveiller la pousse de l'herbe et la prolifération des espèces favorables à chaque catégorie du cheptel. De cinq heures à six heures, la femme va traire les yaks : compter un seau pour cinq yaks, soit moins de trois litres par animal. Mais le lait de yak est très riche en graisse et il va entrer dans la composition de la boisson que les Kirghiz partagent avec les Tibétains, le thé au beurre salé. Les enfants emmènent ensuite les troupeaux pâturer. La femme prépare alors la grande spécialité du Pamir : les boules de fromage *kourout*. Une fois séchés, ces fromages devenus durs comme des cailloux, se conservent des années ; ils sont achetés par les marchands tadjiks pour alimenter les bazars du Badakhchan et on en trouve même à Kaboul. Vers neuf heures, la yourte est balayée, les cendres du foyer vidées, les tapis battus. Commence la fabrication des galettes de pain ou *nan*. Vers midi, le troupeau d'ovins et de caprins est ramené et, après un frugal repas de pain et de thé, la traite des brebis commence : elle va durer plusieurs heures, certains campements ayant de huit cents à mille bêtes à manipuler. Tout le monde participe à cette opération.

Puis le lait est mis à bouillir et l'on baratte le beurre qui sera conservé dans une panse de mouton. La fin de l'après-midi est consacrée à la confection du feutre, aux travaux de couture ; il faut également aller chercher l'eau, ce qui est souvent mis à profit par les jeunes filles pour un petit moment de flirt avec leurs amoureux. Au coucher du soleil, le troupeau de yaks est redescendu des piémonts et une nouvelle traite a lieu. Puis c'est le dîner, composé de *boorsok*, biscuits salés, et d'une soupe de pâtes. On s'installe pour manger sur l'« espace d'honneur », le *tör*, en fonction d'une hiérarchie précise. Si des invités sont présents, ce qui est fréquent car on bouge beaucoup chez les Kirghiz, on leur proposera du *kattama*, feuilleté à la crème garni d'un hachis d'oignons sauvages, et du *paloo*, le traditionnel riz pilaf qu'on retrouve à travers tout l'Afghanistan. Seules les fêtes carillonnées verront la consommation de viande car, lorsqu'on est éleveur, on ne va pas manger son capital !

On le voit, la femme kirghize, toujours active, sans cesse occupée à mille et un travaux, joue un rôle essentiel. Et je voudrais en profiter pour redresser une erreur d'interprétation souvent commise par les Occidentaux. Ces derniers croient que les Kirghiz « achètent » leur femme, car il faut payer un « prix », le *kalïng* ou « prix-de-la-fiancée », pour se marier. Le montant n'est pas mince : neuf neuvaines de moutons au minimum. Pour un berger, dont le salaire est au maximum d'un mouton par mois, il faut parfois plus d'une décennie d'efforts pour mettre la somme de côté. Mais ce qui justifie le transfert de biens, c'est la capacité d'accroissement démographique accordée à la famille preneuse de bru et donc l'amélioration de ses chances de survie.

L'existence rude mais paisible de ces pasteurs de haute altitude, avec ses gestes quotidiens fixés par des siècles d'usage, aurait pu se poursuivre si les soubresauts du monde moderne n'avaient fini par avoir raison de leur isolement.

L'arrivée au pouvoir de Mohammad Daoud en juillet 1973 est lourde d'incertitudes. Au Pamir, nous n'avons aucune idée, aucune information sur ce qui se passe dans le reste de l'Afghanistan. Rahman Koul me dit :

— Vous serez une proie tentante avec vos malles et tout votre matériel ! Si les choses vont mal dans le pays, on vous tuera pour vous voler, c'est sûr ! Je peux vous faire passer au Pakistan sans problème. Vous franchirez la passe de Baroghil, qui n'est pas trop escarpée, et ensuite le col de Darkot, beaucoup plus difficile, mais vous ne courrez aucun risque…

Je n'étais guère emballé à l'idée d'une arrestation au Gilgit, où certes ma vie n'aurait pas été en danger, mais où les ennuis étaient assurés. Je restai donc au Pamir sous la protection du khan jusqu'à la fin du mois d'août. La venue d'un marchand tadjik fut un soulagement pour tous : la piste du Badakhchan était de nouveau ouverte. Certes le retour à Kaboul fut très chaotique et ponctué de mille difficultés, mais deux mois plus tard je quittais l'Afghanistan sans encombres. Pour les Kirghiz, une attente angoissée commençait : la prise en main du pouvoir par les communistes leur laissait peu d'espoir. Rahman Koul savait parfaitement que les Soviétiques voulaient le capturer, mort ou vif, et sans doute plutôt mort que vif. Le KGB, héritier de la *Tchéka*, n'oublie et ne pardonne jamais rien. En 1976 et 1977, les « visiteurs » russes se multiplient, pseudo-chasseurs et pseudo-scientifiques, posant tous des questions, précises et embarrassantes, sur la localisation des pistes, des gués, des campements, mais aussi et surtout sur Rahman Koul et les gens qui viennent le voir. Les patrouilles de blindés soviétiques longent de plus en plus fréquemment la frontière du Grand Pamir.

Finalement, le khan décide de quitter le Pamir avec son clan. Le départ a lieu dans le courant du mois d'août 1978. Les Kirghiz se réfugient au Pakistan. Aussitôt, le correspondant des *Izvestia* à Kaboul, A. Akhmedzianov, publie un article venimeux et rageur (« Les chemins sanglants du khan apanagé »), dont je cite un assez long extrait ci-dessous, car le document est significatif[15] :

« Cet aventurier invétéré avait déjà, au moment de la collectivisation, quitté précipitamment la Kirghizie soviétique, où il avait commis plusieurs crimes, pour la Chine. En 1948, Rahman Koul s'enfuit également de Chine, vers l'Afghanistan monarchique. En quittant la Chine, il égorgea tout un détachement de soixante-dix gardes frontières chinois et s'installa au Petit Pamir. Cette immense région, peu peuplée, se trouvait pratiquement hors de contrôle du gouvernement central afghan. Peuplée désormais de Kirghiz, elle devint l'apanage du khan imposteur.

Ayant gagné la confiance du gouvernement central, Rahman Koul devint le maître absolu du Petit Pamir. Il décidait du sort de quiconque ne lui plaisait pas. Durant ces dernières années, grâce à des manipulations usurières, il s'était emparé des terres de nombreux paysans de la partie orientale du corridor de Wakhan et était devenu le principal seigneur féodal et propriétaire terrien de l'endroit. Lorsque survint dans le pays la Révolution d'Avril qui amena au pouvoir les forces progressistes, Rahman Koul, craignant de justes représailles pour ses forfaits, décide de fuir. Mais d'abord il multiplie les activités antigouvernementales. Des émissaires de Pékin qui étaient entrés en contact avec lui l'incitent à proclamer la sécession du Petit Pamir de la République Démocratique d'Afghanistan. La Chine alors arma la bande de Rahman Koul qui comptait cinq cents hommes. Les bandits portaient l'uniforme des gardes frontières chinois.

Cependant, les plans de Rahman Koul et de ses protecteurs chinois ne devaient pas se réaliser. Sous la poussée de la vague révolutionnaire, il fut contraint de fuir. »

Plus qu'une fuite, qui se fait en désordre, ce fut en réalité un départ en ordre de marche vers le Pakistan tout proche, au jour choisi par Rahman Koul.

La descente

L'exil et le royaume

Je suis à mon bureau à l'Institut d'Études Turques à Paris, quand le téléphone sonne un beau jour du printemps 1980 :

— Rémy, *would you like to come with us to Pakistan* ? Veux-tu venir avec nous au Pakistan ?

C'est mon ami André Singer au bout du fil : il réalise des reportages et documentaires pour la chaîne de télévision anglaise *Granada Television* et me propose de l'accompagner comme conseiller pour un tournage sur les camps de réfugiés afghans au Pakistan. Occasion rêvée de revoir les Kirghiz et d'apprendre le déroulement de leur odyssée. Je me précipite à Manchester pour un *briefing* avec l'équipe et en route pour Gilgit !

Pendant que l'avion tournicote dans le ciel, je me démanche le cou à m'en faire craquer les vertèbres pour parvenir à distinguer une ville dans cette verticalité absolue des murailles rocheuses : entre le Rakaposhi, qui domine la vallée de Hunza, et le Nanga Parbat, bastion extrême-occidental de l'Himalaya, on est dans les grands huit mille.

En fait, Gilgit, qui est situé, au Pakistan, au pied du Karakoram, jouxte le Xinjiang, ex-Turkestan chinois, et, dans mon souvenir, ne présente aucun intérêt notable. Le bazar entrecroise ses rues poussiéreuses, il fait chaud, les moustiques sont agressifs et les autorités hostiles.

On est loin des descriptions enthousiastes des explorateurs anglais du XIXe siècle. Le premier, Godfrey Thomas Vigne, qui découvre ces hautes vallées vers 1830, rapporte que « les habitants ont la peau si blanche et transparente qu'on voit l'eau couler à travers quand ils boivent » ! La découverte est suivie d'une ruée confuse d'aventuriers, de militaires, d'agents plus ou moins secrets, qui s'affrontent, se contredisent, se contrecarrent, chacun voulant être le premier à décrire telle vallée, tel peuple, telle passe mettant en communication des zones aux contours flous. Anglais et Russes rivalisent d'arguments pour convaincre les chefs locaux. Le mir du Hounza en 1888 pille les caravanes qui vont du Ladakh au Turkestan chinois, il capture et rançonne des caravaniers kirghiz, qui réclament en vain l'intervention des Chinois.

La haine entre les Dardes, habitant ces hautes vallées (Gilgit, Hounza, Dir, Tchitral), et les Kirghiz est donc ancienne et mutuelle. Je vais m'en rendre compte dès que j'aurai réussi à rentrer en contact avec Rahman Koul. D'entrée de jeu, les autorités pakistanaises nous interdisent toute rencontre avec les Kirghiz en l'absence d'un officier de police. Qu'à cela ne tienne, dûment encadrés et escortés, nous nous rendons au bazar, où Rahman Koul a acheté une boutique. Elle est tenue par Arif, son troisième fils, que j'ai formé à l'enquête ethnographique et qui a été mon assistant durant mon séjour au Pamir. Ayant obtenu l'adresse du khan, je me rends chez lui pour préparer nos prises de vue. Comme l'entretien se déroule en kirghiz, le policier est pris de court, mais il ne veut pas perdre la face en reconnaissant qu'il ne comprend rien et me laisse tranquille.

Les Kirghiz sont partis, me raconte le khan, en traversant la passe d'Ichkouman, très difficile et pour cette raison moins surveillée que celle de Baroghil, par laquelle il voulait me faire échapper en 1973. Je connaissais l'existence de ce point de passage, qui a été découvert un siècle plus tôt (1874) par le colonel Gordon, mais considéré comme inutilisable parce qu'il débouche côté Gilgit sur un glacier qui constitue un obstacle de taille, sinon infranchissable.

Pour ne pas donner l'alerte, les troupeaux sont amenés de nuit dans la vallée du Wakhjir – environ six mille moutons et quelques centaines de chevaux et de yaks. Les accès au Petit Pamir sont détruits. Les pistes rendues inutilisables et les ponts rompus. Trop éloigné, le clan Kesek du Grand Pamir est abandonné à son sort : il lui aurait fallu près d'une semaine pour rejoindre les autres. Trop risqué. Toutefois, je ne suis pas dupe de cette justification, qui masque des conflits plus anciens.

Laissant derrière eux leurs yourtes et la plus grande partie de leurs biens et de leurs troupeaux, les Kirghiz Teyit se lancent sur les pentes vertigineuses. Fuyant au milieu des pleurs des enfants, des halètements des vieillards, des bêlements d'angoisse des moutons happés par les crevasses, fuyant au milieu des hennissements des chevaux qui glissent sur la neige glacée. Malgré le gel, malgré le vent, il faut continuer à grimper, traverser les éboulis morainiques où le moindre faux pas est fatal, les pentes de schiste dégradé où l'on avance en dérapant. Malgré la soif, malgré la faim qui taraude, pas question de s'arrêter : qui sait si les Soviétiques n'ont pas déjà commencé la chasse… On retrouve l'antique peur du Bolchevique, qui, déjà dans les années 1920, a frappé.

Effrayés, exténués, les Kirghiz parviennent néanmoins à franchir la barrière montagneuse. Ils s'écartent de la frontière d'une trentaine de kilomètres et s'installent près du village de Misgar

— *Âghâ-yé* Dourrr, me raconte Rahman Koul, ce fut la ruée. Tous les maquignons, tous les marchands de bétail du Pakistan-Nord, et même les bouchers, se sont précipités sur nous. Je n'avais pas le choix, comprenez-vous ? Mes troupeaux, mes chevaux ne pouvaient pas survivre bien longtemps sur les pâturages de Misgar. Et les Pakistanais le savaient ! Ils m'ont tout acheté pour une bouchée de pain ! Mais moi j'ai dû vendre pour assurer la survie des Kirghiz. Ces gens dépendaient de moi et ils n'avaient plus rien.

Très vite, les autorités pakistanaises interviennent. D'abord, pour établir un cordon sécuritaire autour des Kirghiz, pour les isoler de la population locale autant que des étrangers. Ensuite, les Kirghiz sont divisés en deux groupes : les uns sont envoyés à Hounza, les autres avec le khan à Gilgit.

Soumis à un triple choc écologique, socio-économique et culturel, les Kirghiz vont payer un lourd tribut : dans les mois qui suivent, une centaine de vieillards, d'enfants en bas âge, de femmes, meurent faute de pouvoir s'adapter aux conditions de vie à basse altitude, à la chaleur, aux eaux polluées, à la vie recluse dans un milieu urbain hostile.

— Nous ne pouvions pas enterrer nos morts ! poursuit Rahman Koul. Vous savez que nous sommes sunnites. Mais, ici, les gens sont chiites ou ismaéliens. Alors ils nous ont interdit l'accès aux cimetières. J'ai dû acheter un champ pour qu'on puisse enterrer nos morts.

La religion n'est pas le seul obstacle. S'y ajoute l'incapacité de communiquer : les populations locales parlent bourouchaski ou ourdou. Ce sont des langues incompréhensibles pour un turkophone. Faute de pouvoir parler, impossible de trouver du travail dans la région. Quelques-uns arrivent à se placer comme manœuvres dans les chantiers de construction de routes ou de bâtiments. Mal nourris, mal payés pour un labeur éreintant, ils y laisseront leur santé, parfois leur vie. Dès 1979, une centaine d'hommes sur les 1300 réfugiés kirghiz, préfère retourner au Pamir. Sous la conduite d'Abdour-Rachid (qui décédera en décembre 2009), ils préfèrent affronter un avenir incertain plutôt que de continuer à gérer cette longue agonie. Cela n'est pas sans risque car, comme nous l'apprend un article publié en août 1980 dans une revue américaine[16], les Soviétiques ont miné les passes du Wakhan pour interdire la contrebande d'armes en provenance de Chine et du Pakistan à l'intention des résistants du Badakhchan. Citons également *Libération*[17] : « Vidé de sa population, ce 'couloir' a été purement et simplement annexé par Moscou et seule l'Armée Rouge, qui y disposerait de bases de missiles (d'après la Résistance), y vit aujourd'hui. »

Malek, deuxième fils de Rahman Koul, a composé un chant pour exorciser les douleurs de cette épreuve :

« Puisse-t-il ne se trouver aucune créature réduite à notre état !

Le Seigneur qui a créé les êtres humains,

Puisse-t-il leur épargner l'exil !

Nous sommes venus au pays de Gilgit

Chez ces gens étrangers à la langue incompréhensible.

Notre territoire est devenu invivable,

Une forêt de fusils

Y gronde désormais sans trêve.

Je me suis fait oiseau qui s'enfuit à tire-d'aile,

Je me suis sauvé du grand danger,

Mais j'ai rencontré la souffrance.

Ce que nous mangeons et buvons, notre nourriture,

Ne reste pas dans notre ventre.

Les boutons ont envahi notre corps.

Où sont les prés du Pamir,

Où les tulipes du Badakhchan,

Où les roses de Mazar ?....

Où est Kaboul, la renommée, ta capitale ?....

Les beaux moutons du Pamir, loin de lui,

Se sont affaiblis.

Les indomptables hommes de chez nous
Ont été dispersés de tous côtés.
Mon peuple jeté sur les routes
Me fait gémir et chanter.
Le roi appelé Zaher Chah,
Tout le monde le regrette,
Le mécréant appelé Taraqqi,
Puisse son règne ne pas être heureux,
Puisse le Seigneur lier sa chance !
Tous, nous sommes devenus apatrides,
O Kirghiz, en quel état êtes-vous !.... »

Dans ces conditions, saisi des doléances de tous ses sujets, le khan cherche une solution. Il faut évidemment quitter le Pakistan où la survie est aléatoire, plus prison que refuge.

Rahman Koul va explorer deux pistes : l'une américaine, l'autre turque. La première, plutôt curieuse, consistait en une réinstallation des Kirghiz en Alaska. L'idée en avait été soufflée à Rahman Koul, par Louis Dupree, anthropologue de l'Université de Pennsylvanie, un des meilleurs connaisseurs de l'Afghanistan, qu'une rumeur persistante à Kaboul créditait de liens étroits avec la CIA. Le sénateur de l'Alaska, Mike Gravel, est favorable au projet et fait part aux médias, en octobre 1981, de sa sympathie pour les Kirghiz[18]. Dès le mois suivant, un « Institute of Alaskan Affairs », disposant de bureaux à Anchorage et Fairbanks, invite Rahman Koul et deux de ses fils à venir aux Etats-Unis au mois de mars découvrir des lieux de réinstallation dans le grand nord. La présidente de cet institut, Marilyn Dudley-Rowley, cherche à mettre sur pied un comité pour faire du *lobbying* afin de faire aboutir le projet. Grâce à une fondation caritative chrétienne basée à Londres, Rahman Koul et ses fils obtiennent des passeports de réfugiés, ainsi que les visas pour entrer aux Etats-Unis. Mais, à la dernière minute, le projet est brusquement annulé, sous prétexte que les sponsors ne souhaitent plus financer cette initiative.

Que s'est-il passé ? Rahman Koul l'ignore ou feint de l'ignorer. Ce qui est sûr c'est que le plan ne tenait pas debout. Comment, ai-je demandé au khan, les Kirghiz pourraient-ils supporter la nuit polaire ? Et il n'y a pas que les conditions climatiques : est-ce que les Kirghiz ne vont pas à leur corps défendant servir de sujets d'expérimentation pour des institutions ou des chercheurs plus ou moins bien intentionnés ? Le khan était bien conscient de tous ces risques c'est pourquoi il avait, parallèlement, exploité une autre opportunité : la filière turque.

Dès le mois de mars 1982, en effet, Nazmi Akıman, porte-parole du ministère turc des Affaires Étrangères, déclarait[19] :

« Un groupe d'environ quatre mille cinq cents personnes, parmi les familles afghanes d'origine turque qui se sont réfugiées en République du Pakistan en raison des événements survenus en Afghanistan, sera transféré et installé en Turquie. À ce sujet, une délégation est actuellement en train de mener des négociations au Pakistan, avec l'appui bienveillant des autorités en place ».

Les autorités de Turquie, sous la présidence du général Kenan Evren, offrent aux réfugiés Turkmènes, Ouzbeks et Kirghiz, la possibilité de s'installer en Turquie. Dès lors, Rahman Koul peut oublier sans amertume le rêve américain :

— Vous comprenez, me dira-t-il, si le gouvernement turc ne nous avait pas acceptés, nous serions partis en Alaska. Mais, comme il nous a acceptés, nous y avons renoncé. Que vous dire… l'Alaska c'est très loin, c'est très froid… Et puis on ne parle pas anglais… D'ailleurs, nous sommes Turcs d'origine et c'est pour ça que nous nous sommes adressés au gouvernement turc.

Très vite, la Turquie met en effet en place un « Haut Comité de Coordination pour l'Émigration des Réfugiés Afghans » qui est chargé de gérer les fonds débloqués par le ministère des Finances pour le transport et la réinstallation des réfugiés turcophones. La délégation turque à Islamabad agit avec célérité. Son action est couverte par une journaliste turque, Pınar Türenç[20], qui rencontre les leaders traditionnels en exil : le khan kirghiz Rahman Koul, mais aussi l'ex-député ouzbek Abdoul Qayyoum et le chef turkmène Abdoul Karim Makhtoum.

En deux mois, la décision est finalisée. Un article de *Milliyet* en date du 9 juin 1982 rapporte que plus d'un millier de Kirghiz seront réinstallés en Turquie, dans la montagne de Gürpınar, près de Van, deux mille Ouzbeks iront à Ourfa, Gaziantep et Antakya, un millier de Turkmènes à Tokat et trois cents Qazaqs à Kayseri. Par contre, les réfugiés Ouïgours, qui avaient souhaité eux aussi profiter de l'aubaine, ne pourront pas en bénéficier, car beaucoup d'entre eux ont obtenu un passeport pakistanais, et les autres, venant de Chine, sont donc considérés comme Chinois.

Cela dit, pour les Kirghiz, la Turquie reste une réalité géographique passablement floue :

— À l'ambassade, me dit Rahman Koul, on nous a demandé : Où voulez-vous aller en Turquie ? Mais nous, on ne connaît pas la Turquie ! Sinon, on aurait su quels endroits sont chauds, quels endroits sont froids… On leur a dit : Installez-nous dans un endroit froid ! Ils nous ont proposé Sarıkamıs. J'ai demandé : Où est-ce ? Quand ils nous ont montré la carte, j'ai vu que c'était près de l'URSS. Alors j'ai dit : Eh bien quoi, je viens à grand-peine d'échapper aux Russes et vous voulez me remettre à côté d'eux ! Pas question ! Alors ils ont proposé la région de Van…

Dès lors, le destin des Kirghiz du Pamir afghan est scellé : dès le mois de juin 1982, ils commencent à préparer leur déménagement en Turquie.

Un mois plus tard ils partent à Islamabad prendre l'avion. Pour beaucoup d'entre eux ce voyage restera une odyssée incompréhensible : certains croyaient que la salle d'attente de l'aérogare allait s'envoler ; d'autres, une fois dans l'avion n'acceptaient pas l'idée qu'ils étaient en l'air et pensaient que les trous d'air étaient des ornières sur la route...

Quittons-les un instant pour planter le décor dans lequel ils vont évoluer et où nous allons les retrouver.

Nous voici donc en train de rouler dans un autocar en Anatolie de l'est... Au loin, on distingue les coulées sombres des brûlis, bavures de khôl sous les larmes de la pluie. Rivé à son volant, le chauffeur sursaute par brusques saccades. Il est gris de fatigue. Les horaires forcenés se lisent au coin de ses yeux, dans le faisceau des flèches profondes qui pointent vers ses tempes.

En fait, dès mon arrivée à Ankara, je me suis précipité vers la gare routière. J'étais sûr de pouvoir partir immédiatement pour Van, plutôt que d'avoir à attendre un hypothétique avion. Cela dit, j'étais le seul étranger à la station, attirant donc les regards et particulièrement celui du policier de service qui s'était approché en roulant des mécaniques :

— Dis donc, comment tu t'appelles ? Tu me rappelles quelqu'un...

— Je ne crois pas, monsieur, ça m'étonnerait, je n'habite pas ici...

— Ah bon, donc tu es un étranger…, avait-il dit, narquois ou méprisant, avant de s'éloigner, une main arrogante posée sur la crosse de son pistolet.

L'autocar est happé par l'obscurité, englouti par la steppe sombre. Au-dessus de la tête du chauffeur, la montre à quartz luit d'un sinistre éclat rouge. Son heure n'appartient qu'au véhicule. Au-dehors l'espace opacifié de la nuit, au-dedans un temps incertain.

Je suis assis à l'avant, tout près du chauffeur, les jambes recroquevillées et les oreilles déchirées par les ronflements patibulaires de mon voisin : nez cassé, cheveux ras, deux jours de barbe…, plutôt supporter les crampes que de risquer de le réveiller.

Tout le monde dort. Nous sommes seuls le chauffeur, la nuit et moi. *Milliyet*, mon journal turc favori, plus près du *Parisien* que du *Monde*, titre aujourd'hui que des bandits de grand chemin – autrement dit des Kurdes – pillent les véhicules qui s'aventurent dans l'Est anatolien après la tombée de la nuit.

Soudain, une secousse, suivie d'un coup de frein. Je sursaute et dis au chauffeur :

— Qu'est-ce qui se passe ?

— *Bax arqadaş, hiç bi şey görmedim*, écoute mon pote j'ai rien vu, mais ça doit être un âne, un âne crevé ; sûr que quelqu'un lui a roulé dessus…

La rudesse de sa prononciation anatolienne n'a d'égale que celle de son caractère. Le chauffeur réaccélère sans s'arrêter. Mais, à deux heures du matin, barrage de police en plein milieu de nulle part : contrôle d'identité. Tout le monde descend en grommelant et on s'aligne avec nos papiers à la main, cependant que tous les bagages sont déchargés. Grelottant dans la bise, nous identifions nos biens ; quelques sacs sont fouillés pour la forme à la lueur tremblotante des torches. Une bonne heure plus tard, nous reprenons la route.

Quelque part du côté de Muş, le soleil bondit hors de l'obscurité et darde aussitôt. Point d'aube douce ni de couleurs suaves : la rude Anatolie n'a pas de ces faiblesses, on se lève d'un seul coup !

Dix heures, arrivée à Van. Je me précipite chez Yalçın Kitabevi, le libraire. Il se penche au-dessus du comptoir pour m'embrasser :

— *Hoş geldin*, Rémy Bey, sois le bienvenu !

Un sourire humble et doux joue sur les lèvres de Yalçın, sur ses traits lisses et paisibles. C'est quelqu'un de très « efendi » comme on dit en turc, à la fois gentil et bien élevé ; une politesse exquise et une chaleur humaine réconfortante. Ce petit homme mince, à la moustache poivre et sel est le correspondant local du journal *Milliyet*. À peu de temps de là, me trouvant à Istanboul dans le bureau de l'élégante journaliste Pınar Türenç, dont le mari dirige le journal, j'avais téléphoné à Van pour prévenir de mon passage, sans bien sûr fournir de date précise : on est en Orient, non ?!....

La librairie-papeterie de Yalçın est située dans la rue principale de Van. Spécialité : fournitures scolaires en tout genre, manuels et, surtout, imprimés officiels (indispensables pour la moindre démarche). Je me fraie un passage dans la foule et m'assieds sur ma valise en attendant mon tour.

— Navré, Rémy Bey, navré de vous avoir fait attendre.

— Mais non, mon cher, c'est moi qui vous prie de m'excuser, je suis confus, comment ai-je pu oublier que c'était hier la rentrée des classes ! Je vous dérange en plein boom !

De fait, c'est chez lui en tout temps un défilé perpétuel : enfants, adultes, civils, militaires policiers déferlent en un flux sans cesse renouvelé. On y achète, on y vend, on y parle, on s'y dispute, on y boit du thé : les nouvelles s'échangent, les infos circulent. C'est un parloir autant qu'une librairie. Cette polyphonie des activités qui s'entremêlent est tout à fait caractéristique de l'Orient et bien loin de notre monodie occidentale où on va chez le libraire pour acheter un livre un point c'est tout.

Au milieu de la boutique pend une enseigne lumineuse : « Achetez un stylo *Pelikan*, le cadeau que tout le monde attend ». Je rêvasse en imaginant un pélican tenant en son bec un stylo, comme notre corbeau son fromage. Le temps passe, je commence à en avoir un peu marre, car voilà deux heures que je poireaute. Bon, ça y est, Yalçın a réussi à joindre la préfecture : le *vali* accepte de me recevoir à seize heures. Plus que quelques heures à attendre, mais j'ai appris la patience en Afghanistan. Je me souviens qu'une fois, à Fayzabad, j'ai passé six heures à la poste – un bien grand mot pour le gourbi du postier – à essayer de passer un coup de fil à Kaboul. On progressait de standard en standard, par petits bonds de trente kilomètres et puis, au dernier moment, un VIP, un *kalan nafar*, réquisitionnait la ligne et il fallait tout reprendre à zéro.

Bon, tout ça me laisse le temps de faire un tour en ville. Van, que j'ai connue dans le temps bourgade un peu paysanne, se développe à toute vitesse. La création de l'Université du Centenaire lui a donné une respectabilité académique et la proximité de l'Iran a boosté son commerce. Face à ce dynamisme, l'austérité touristique fait contraste : un seul hôtel potable, pas de *turistik tesisleri*, d'infrastructure touristique, permettant d'apprécier les eaux sodiques mais bienfaisantes du lac ; et pour se rendre sur l'îlot d'Akdamar voir les splendides sculptures de l'église arménienne, c'est toute une expédition. Vraiment, l'ancienne capitale du royaume d'Ourartou ignore superbement le touriste.

Retour à la boutique. Yalçın, qui était sorti, fait sa réapparition un peu avant quatre heures. J'aurais pu aller tout seul à la préfecture évidemment, mais le journaliste-libraire-papetier constitue ma carte de visite locale. Sans carte de visite, je ne suis qu'un étranger, c'est-à-dire personne. Aucune chance d'obtenir quoi que ce soit. Avec un référent local, j'existe, je m'inscris dans un réseau relationnel et ce dernier me protège : on n'éconduit pas comme ça l'ami du correspondant local d'un des plus grands journaux du pays.

On file à la préfecture, hélas ! le *vali* n'y est plus. Parti pour tout l'après-midi. L'employé au sourire aurifère qui m'apprend cette nouvelle, plutôt contrariante pour moi, n'en profite pas moins de l'occasion pour essayer de me taper d'un paquet de cigarettes françaises :

— Tu comprends, c'est pour ma collection, dit-il.

— Tiens, prends cette *Gitane*, t'en as plus que dix-neuf autres à trouver. Ta collection démarre fort !

C'est vrai que je suis un peu énervé. Il ne reste plus qu'à essayer de pister le *vali*. Nous tournicotons dans les rues, faisant la tournée de tous les bâtiments officiels. Ého ! Cette Mercedes noire, là-bas, avec le drapeau turc, ce ne serait pas sa voiture, par hasard ?.... Justement, si. Allez, on entre. On parlemente, on discute, on insiste ; passant de planton en sous-secrétaire et de secrétaire en attaché, nous finissons au bout de trois-quarts d'heure par atterrir dans le bureau où se trouve le *vali*.

D'un point de vue stratégique, je n'aurais jamais dû choisir le fauteuil à gauche du bureau. Trop tard ! Je m'enfonce et disparais derrière une pile de dossiers. Au prix d'un déhanchement héroïque, je refais surface dans le champ de vision du *vali*.

— Mes respects, monsieur le Préfet, mes respects... Avec votre permission, j'aimerais me rendre chez le chef kirghiz Rahman Koul, que j'ai bien connu en Afghanistan.

— Ah, hem !.... Rahman Koul ? Vous avez une autorisation d'Ankara ? Oui..., alors c'est d'accord, vous pouvez y aller.

L'avantage avec les hauts fonctionnaires, c'est qu'ils n'ont pas de temps à perdre avec le fretin. Je sors en saluant à droite et à gauche la double haie de fonctionnaires, policiers et officiers qui s'étagent jusqu'à la porte. Heureusement que le préfet ne m'a pas demandé de lui montrer mon autorisation !....

Le plus dur reste à faire, je dois maintenant aller voir le chef de la Sûreté, qui contrôle l'état d'urgence. Je me rends donc à l'*Emniyet Müdürlüğü*, la Direction de la Sûreté, empli de cette inquiétude sourde que l'on a en entrant dans les commissariats, les gendarmeries, les casernes, les prisons...

— La lettre, là, que vous me montrez, de l'Ambassade de Turquie à Paris, c'est bien joli, mais elle est en français ! Alors quoi, il faut que je parle toutes les langues ?!.... Vous voulez que je vous fasse confiance ? Où est l'autorisation de notre ministère de l'Intérieur ?....

— Mais, mon colonel, justement au ministère de l'Intérieur, à la Section des Étrangers, ils n'ont rien voulu me donner directement, ils m'ont affirmé que tout était envoyé sur place parce que c'est plus sûr : c'est certainement arrivé dans vos bureaux.

Visiblement, ça embête le militaire de chercher quoi que ce soit. Il bougonne :

— Bon, allez-y, mais ne restez pas longtemps, hein !....

— Non, non, un ou deux jours, pas plus, une demi-semaine...

Ouf ! Me voilà nanti de l'aval officiel. Je regagne mon hôtel, le *Beş Kardeşler*, dont le nom « 5-Frères » dénote la possession indivise. Reste à trouver le moyen d'aller à Karagündüz. Bof, Allah y pourvoira. Je m'accorde un petit roupillon d'une heure. Vers vingt-deux heures, je retourne à la boutique, toujours aussi pleine et animée. Et que vois-je en entrant ?!.... La bonne bouille ronde aux yeux bridés d'Ouchane, alias aujourd'hui Adnan Menderes, le dernier fils de Rahman Koul ! Au Pamir, c'était un bambin aux joues rouges et aux mains crevassées par le gel.

— *Kandaysïng* Dor *afandi*, comment vas-tu, monsieur Dor ? Khan sahib vient demain à Van avec notre minibus : il a des courses à faire.

— Eh bien, peux-tu lui dire que je suis à Van et passer me prendre au *Beş Kardeşler* à neuf heures et demie ?

— *Boldu* Dor *afandi*, c'est d'accord, monsieur Dor.

Le lendemain, après un retard raisonnable, le jeune Kirghiz vient me chercher et nous nous dirigeons d'un pas alerte vers le magasin du Fonds pour le Développement de Van et des Environs. C'est le point de ralliement des Kirghiz quand ils viennent en ville. Rahman Koul est parti à la banque. Je ramasse un vieux journal qui traîne et commence à faire les mots croisés.

Soudain, il est là, devant moi. Avec son chapeau de feutre et sa veste noire. Sous le faix des ans, des heurs et des malheurs, ses larges épaules ont légèrement ployé. Mais le regard est toujours ferme et pénétrant.

— Aha, *âghâ-yé* Dourrr ! vous voilà donc !.... *jedingiz bi* ? avez-vous mangé ?

Voilà un vrai chef: le chef c'est celui qui nourrit ses sujets ! Nous partons tous les trois, le khan, Ouchane et moi. Ouchane, que j'avais quitté enfant, est maintenant un grand et beau jeune homme de dix-sept ans. Il est pensionnaire au lycée Atatürk de Van avec sept autres membres de sa tribu. Une trentaine d'enfants kirghiz plus jeunes sont au collège *İskele Temel Eğitim Okulu.*

Après avoir ingurgité quelques *kébaps*, nous nous rendons dans une *çayhane*, une maison-de-thé, car les Kirghiz ne boivent jamais en mangeant, mais toujours après. L'endroit n'est guère romantique et même passablement sinistre. C'est une courette triste et sale, derrière un dépôt de camions, où quelques tabourets bas s'efforcent de survivre au voisinage d'une poignée de tables bancales. À côté de nous, une bande de loubards en bleus de chauffe graisseux discute en ricanant. Chacune de leurs phrases est ponctuée de coups de poing sur la table, qui se défend de moins en moins. Ah, la belle cible qui vient s'offrir à eux !

— Eh, vise un peu les Japs, là, les Chinetoques !... et l'aut', là, qu'est-ce qu'i fout avec eux ?....

D'autorité, le chef de bande s'installe à notre table :

— Eh, pépé, dis donc, t'as au moins quatre-vingt-dix balais ! t'es musulman, j'espère ?.... et ce mec-là, comment tu l'as connu ?....

Bouche grande ouverte, il crache la fumée de sa cigarette vers nous. Rahman Koul répond, sans se fâcher, à ses insolences. Tantôt sérieux, tantôt ironique, il a bientôt le dessus dans l'échange verbal. Il n'y a pas de petit succès, de victoire inutile. Lui, qui avait droit de vie et de mort sur des milliers de sujets, traitait souverainement du destin d'un peuple et était reçu à Kaboul avec les honneurs dus à un grand seigneur féodal, ne considère pas vain de remporter cette minuscule bataille. La bande décroche et nous voilà tranquilles. Sur ce, le minibus arrive et nous quittons la ville.

La sortie de Van par la route d'Özalp offre un spectacle vraiment extraordinaire : le voyageur est escorté à droite et à gauche, aussi loin que la vue porte, par une garde d'honneur d'ordures en tout genre, mais surtout de plastique, scories agricoles et urbaines qui, au lieu de se serrer honteusement en tas, s'allongent et s'étendent comme pour mieux prendre le soleil. Le vent disperse artistement des fleurs de fer-blanc dans les champs de détritus...

Au bout d'une vingtaine de kilomètres, nous atteignons Erçek. Le village, autrefois occupé par des Arméniens, est désormais peuplé par des réfugiés du Caucase. Nous obliquons sur une piste caillouteuse qui mène à Karagündüz.

En fait, le village est séparé en deux quartiers: Karagündüz-le-Vieux où vivent côte à côte Kurdes et réfugiés d'Iran, et Karagündüz-le-Neuf où les Kirghiz ont été installés. Heureusement, cinq cents mètres les séparent, car les Kurdes ont vu d'un très mauvais œil l'arrivée des Kirghiz sur leurs terres.

Le village neuf a été érigé sur un vaste replat, au sommet d'une colline au demeurant jaunâtre et pelée, sur les bords du lac d'Erçek. Ce dernier est putride: on ne peut pas y pêcher, nul poisson n'y survit; on ne peut même pas s'y baigner. Et, pour couronner le tout, me dit-on à Karagündüz-le-Vieux, le lac déborde tous les sept ans inondant le village. D'où la jalousie des Kurdes de voir les Kirghiz au sec. Il est vrai que personne n'avait voulu s'installer à Karagündüz-le-Neuf, tout simplement parce qu'il n'y avait ni eau ni électricité.

La double centaine de maisons, alignées impeccablement, avec des rues à angle droit comme à New York, apparaît parfaitement fantomatique, déplacée, irréelle. C'est un défi au chaos des collines environnantes.

Branle-bas de combat avant l'arrivée des Kirghiz : il s'agit de rendre le village habitable. Pelleteuses et bulldozers entrent en action : adduction d'eau, érection d'une forêt de poteaux électriques et téléphoniques. Bétonneuses et truelles se mettent de la partie, on bâtit une école, un dispensaire, une mosquée... du coup, bien sûr, le village devient un « petit paradis ».

— Tu comprends, me dit Apo, de Karagündüz-le-Vieux, nous, ça fait quarante ans qu'on crève ici, personne s'est jamais occupé de nous parce qu'on est Kurdes. C'est pas à nous qu'on aurait amené la flotte ou l'électricité !

La piste qui relie Erçek à Karagündüz est stabilisée, afin de permettre le passage des véhicules en tout temps. D'ailleurs, une organisation charitable suisse (*HEKS*) a acheté un minibus pour que les Kirghiz soient autonomes dans leurs déplacements, qu'ils n'aient pas à dépendre de leurs voisins ou des autorités. Un beau geste, ma foi, mais qui excite un peu plus l'envie…

Le 5 août 1982, une caravane brinquebalante d'autocars chargés à ras bord des Kirghiz et de leurs bagages investit les rues inertes du village. Mais on s'aperçoit bien vite qu'il n'y a pas de place pour tout le monde : vu qu'il n'y a que deux cents maisons, seules cent quatre-vingt-dix-sept familles peuvent rester. Soit une population de sept cent soixante-seize âmes. Une centaine de familles doit reprendre la route, trois cent soixante-deux Kirghiz, très exactement, reprennent place dans les autocars, on les emmène à Malatya, à cinq cents kilomètres de Karagündüz : l'antique Mélitène n'avait pas prévu l'irruption de nomades centre-asiatiques, mais comme c'est une grande ville, ils auront moins de mal à trouver du travail, ne serait-ce que dans la cueillette des abricots, grande spécialité locale.

Laissons-les à leur devenir et retournons à Karagündüz : au moment où j'arrive avec le khan, toute la population est massée dans la rue principale :

— *Âghâ-yé* Dourrr revient !

— Tu te rends compte !... L'*oustaz* de Kaboul, le professeur !....

Le roi d'Afghanistan en personne se serait montré à eux qu'il n'aurait pas eu autant de succès ! C'est que je suis un peu des leurs : moi aussi j'ai vécu avec eux au Pamir, moi aussi je les ai reçus chez moi à Kaboul. Mais enfin, j'ai quand même l'impression d'un dinosaure revenant sur terre. On s'approche, on me touche, on m'étreint... Il faut s'assurer que je suis bien réel et non une sorte de spectre issu du passé.

— Quoi, mais tu n'as pas vieilli, tu n'as pas changé ! Regarde, moi, je n'ai plus qu'une bouchée de chair sur les os, plus qu'une cuillerée de sang dans les veines, plus qu'une seule dent dans la bouche !...

— Ah, c'est qu'Allah m'a épargné, j'ai croisé la route du prophète Élie qui m'a accordé l'immortalité !

Je suis sûr qu'ils le croient dur comme fer. Je m'installe chez le khan tout comme autrefois à Éboulis-Croûlant. Sa petite maison est identique aux autres, sauf qu'elle porte le numéro 1 : deux pièces polyvalentes, un débarras, une cuisine, des cabinets. Je suis là au milieu de ses femmes et de ses marmots, car Rahman Koul est à la fois polygame et prolifique (il a onze enfants). Commence un étrange ballet : dès que j'entre dans une pièce, les femmes en sortent. Elles sont devenues *rouypouche*, « visage-voilé », comme on dit en Afghanistan. Elles fuient la présence de l'étranger mâle. Voilà le résultat de quatre ans de réclusion et de port du tchador au Pakistan. Dans le bon vieux temps du Pamir, non seulement les femmes kirghizes bavardaient et plaisantaient librement avec moi, mais nombre d'entre elles ont été mes informatrices. Oroun-Bibi, par exemple, que j'interrogeais pendant des heures, cependant qu'elle préparait à manger, cousait ou rangeait. Son corps repose ici, à Karagündüz, dans une tombe anonyme simplement marquée d'une pierre. Elle a rejoint sur les sombres sentes du « Monde-d'en-dessous », le *kara djer* de l'antique chamanisme kirghiz, tous mes informateurs d'autrefois.

Un petit tour dans le village pour prendre l'atmosphère du lieu.

D'abord une visite au dispensaire : c'est un rêve pour les Kirghiz, qui n'ont jamais eu accès aux soins médicaux. L'infirmière en charge du poste sanitaire, Zeynep Pehlivan, est tout heureuse de me voir, ravie d'avoir quelqu'un avec qui bavarder :

— *Efendim*, quand les Kirghiz sont arrivés ici, ils étaient en bien mauvais état. Vous savez ce que c'est, la diarrhée, la jaunisse… Et puis beaucoup de malnutrition. Mais le *Kızıl Ay*, le Croissant Rouge, les a chouchoutés ; on leur a donné des vivres, des vêtements, des couvertures, tout le nécessaire…

— Bravo la Turquie, *aferin* ! m'exclamé-je. C'est du *misafirperverlik*, de l'hospitalité, mais ce sont vos cousins quand même !….

— En plus, poursuit-elle, il y avait une vingtaine de femmes enceintes, nous les avons suivies bien sûr et elles ont accouché sans problème. Depuis, il y a eu quatre-vingt-dix-sept naissances !

— Alors là, ce n'est pas comme au Pamir ! Il aurait fallu au moins dix ans pour arriver au même résultat ! Moi j'ai connu une femme qui avait accouché de treize enfants : un seul d'entre eux est resté en vie. En gros, la mortalité infantile était de cinquante pour cent. Un bébé né en hiver n'avait pas la moindre chance de survie : moins quarante, et rien à manger… Je ne parle même pas de la fièvre puerpérale pour les femmes et des maladies du nourrisson. C'était héroïque d'accoucher ! Cela dit, il y avait quand même un certain nombre d'idiots phénylpyruviques, vous savez, ceux qu'on appelle en français les « crétins des Alpes »... avec la morve au nez, la bave. Pas terrible...

— Ah bien oui, c'est un des effets de l'altitude, et d'ailleurs, *efendim*, l'ovulation de ces femmes était très perturbée. En plus, elles ne savent pas s'occuper des nouveau-nés. Nous leur donnons des cours...

C'est sans doute vrai, mais ça n'empêche pas le peuple kirghiz de survivre depuis deux mille ans.

En tout cas, ici on voit des enfants partout. Au Pamir, ils se faisaient tout petits pour échapper au mauvais génie *albastï*, perpétuellement à la recherche de femmes en gésine pour les étouffer, elles et leurs nouveau-nés. C'étaient des enfants sérieux, aux grands yeux tristes, comme habités par la mort à laquelle ils avaient échappé. Aujourd'hui, ils éclatent de joie et de rire, ils découvrent le jeu, se font taureau ou chien, se poursuivent au milieu des cris d'une peur simulée. Morveux et heureux, ils dansent dans la poussière dorée qui s'élève des champs moissonnés.

Non loin du dispensaire se trouve un minuscule bureau de poste qui n'est guère utilisé car les Kirghiz sont méfiants : ils préfèrent mettre leur courrier à Van, pour être sûrs qu'il arrive et même, d'ailleurs, tout simplement qu'il parte. Il y a un magnifique standard, flambant neuf, vraisemblablement branché directement sur les tables d'écoute de la police politique…

Le cœur du village, cependant, c'est l'épicerie :

— Tu comprends, me dit Hüseyin Çelebi, on a ouvert ce magasin (*GMMO*) pour venir en aide à ces compatriotes. On leur procure les produits de première nécessité : du riz, du sucre, du thé, de la farine, des nouilles et puis, bien sûr, des cigarettes !

Oui, mais voilà, les Kirghiz ne savent pas ce que c'est que l'argent. Au Pamir, on troque, on échange : bien contre bien, bien contre service, ou l'inverse. Il y a très peu de monnaie et elle ne circule pratiquement pas. En fait, toutes les transactions commerciales étaient régularisées une seule fois par an. Il va leur falloir apprendre à payer comptant ou à très court terme. La parole ne suffit plus.

Situé dans le Kurdistan turc, Karagündüz est sous la surveillance de l'armée, qui dispose d'un casernement où vivent une poignée de soldats. Je discute avec le caporal qui commande la section, non sans distribuer à la ronde toutes les cigarettes de mon paquet :

— Alors, ça se passe comment avec les Kirghiz ?

— *Vallahi*, *efendim*, il n'y a pas le plus petit problème, par Allah ! Ce sont des gens calmes, ils ne sont pas méchants !

Eh bien, dis donc ! Quand je pense à tous les récits des explorateurs russes du XIXe siècle qui se répandent sur la cruauté des Kirghiz, leur caractère perpétuellement belliqueux !... Je me souviens aussi d'Osman Aji, chez qui j'habitais au Grand Pamir et qui m'avait dit benoîtement :

— Tu sais, monsieur Rémy, aujourd'hui je te reçois comme un hôte vénéré, parce qu'il n'y a plus de meurtre, *adamkouch nist*, mais il y a cinquante ans je t'aurais égorgé, parce que ta caravane est bonne à piller et puis, tu te rends compte, tes appareils photos, tes magnétophones, quelle aubaine !...

Allah ghafour, Allah est Celui qui pardonne ! Je m'en vais aussitôt à la mosquée faire une prière d'actions de grâces pour avoir survécu. Hodja Abdoul Baki en est l'imam. Il est Kirghiz. Je ne garantis pas l'étendue de ses connaissances coraniques, bien qu'il prétende avoir été formé à la madrasa de

Boukhara. L'arabe est une langue compliquée et l'exégèse des textes une discipline ardue, mais le Hodja en sait suffisamment pour appeler à la prière et guider celle-ci. Les Kirghiz sont pieux et zélés, toutefois leur conversion a été tardive. Jusqu'au XIXe siècle, elle est restée superficielle. La grande religion des Kirghiz c'était le tengrisme, une forme modifiée de chamanisme reposant sur la divinisation du Ciel-Bleu et de la Terre-Brune.

Retour chez Rahman Koul. Le khan allume sa sempiternelle cigarette avec un *Cricket* jetable, que je lui avais offert à Gilgit. Stupéfaction de ma part :

— Il marche toujours, après trois ans ???...

— Regardez, *âghâ-yé* Dourrr, les Turcs sont vraiment malins !

Moyennant une petite valve, mon modeste et transitoire cadeau a accédé à l'infini de la durée : le voilà devenu rechargeable ; échappant au statut de rebut de la société de consommation, il est désormais promis à une vie de labeur ; durant des générations, il va voisiner au fond des poches avec des paquets fripés de *Maltepe*, l'équivalent de nos *Gauloises*.

— Vous fumez trop, khan sahib ! Ce n'est pas bon pour la santé. Il y a trois ans, vous ne toussiez pas comme ça !

— Pas du tout, la cigarette c'est excellent, ça stimule le cerveau ! D'ailleurs, je fume trois paquets par jour et je me porte à merveille !

Il faut qu'il fasse toujours plus qu'un individu normal, c'est le khan ! Mais quand même… déjà, au Pamir, il fumait comme un troupier, à plus de quatre mille mètres !… Son cendrier, éternellement plein, c'est celui qu'il avait à Tergen-Goroum. Comme la radio, qu'il écoute tous les jours, aujourd'hui comme hier.

Je m'enquiers :

— Comment ça se passe pour les Kirghiz à Karagündüz ?

— Eh bien, nous recevons chaque mois six mille livres turques[21] par adulte et trois mille par enfant au-dessous de sept ans, c'est avec ça que nous vivons. Ceux de Malatya ont mieux réussi que nous. Ils ont du travail, soit dans les conserveries, soit dans l'industrie métallurgique. Ils gagnent de l'argent.

— Vous êtes au chômage, vous n'avez pas d'argent, pourtant j'ai vu des chiens de garde dans le village. Comment ça se fait ?

Normalement, les Kirghiz détestent les chiens ?

— Ah oui, c'est à cause des Kurdes. Ils ne nous aiment pas. Nous sommes les seuls Turcs ici. Alors, ils nous volent. J'avais planté des melons et des pastèques, je n'en ai pas mangé un seul, tout a disparu ! Le linge qui sèche disparaît… Alors on se protège.

— Vous avez reçu de la part des autorités turques un peu de bétail. Vous vous y connaissez en élevage. Qu'est-ce que ça donne ?

— Il y a trop de neige ici. Elle monte jusqu'à mi-cuisse. Au Pamir, vous comprenez, le vent chassait la neige. Les yaks n'avaient qu'à gratter un peu avec leurs sabots et ils trouvaient l'herbe. Ici, il faut donner du fourrage aux vaches. Beaucoup de fourrage. Pour avoir du fourrage, il faut avoir des champs, de la terre. Il faut faire pousser du foin, se mettre à l'agriculture. Pour nous, c'est difficile.

Certainement pour les adultes, la transition va être rude. Mais qu'en sera-t-il des enfants ? Dans la grande rue du village j'avise un groupe qui joue à la balançoire. Je m'approche et j'écoute. Mais oui, ils parlent turc entre eux !

— Les enfants, c'est à l'école que vous avez appris le turc ?

— Oui, oui, notre école est là-bas, à la sortie du village.

Depuis toujours, les kirghiz réclamaient le droit à l'éducation. Ils disposent maintenant d'une école en préfabriqué, qui a ouvert ses portes en octobre 1982. Deux grandes salles de classe et un bureau pour le directeur. Ce dernier, Nizamettin Dost, est résolument enthousiaste :

— Nous sommes ici quatre enseignants, tous volontaires. Dans une première étape, nous avons insisté sur l'enseignement du turc. Pendant trois mois, tous les enfants ont été dans la même classe. Puis, nous avons créé quatre sections. Deux étudient le matin, deux l'après-midi.

Au bout d'un an, dix élèves se présentent en candidats libres à l'examen d'entrée du collège de Van. Parmi eux, Véli, un des fils de Rahman Koul :

— Il y a sept cents élèves dans notre collège, l'*Iskele Okulu*. Nous, on est dix de Karagündüz. Au début, c'était dur. On était traité comme des étrangers. Et puis, on s'est habitués. Au début, on était tous ensemble, on avait une chambre pour nous. Ensuite, ils nous ont séparés. On est dans des classes différentes, dans des dortoirs différents.

C'est une joie pour les enfants kirghiz d'aller à l'école. Ils y sont fortement encouragés par leurs parents qui n'ont aucune réticence à y envoyer les filles comme les garçons. Le résultat de la scolarisation est une « turquification » quasi immédiate. Le turc et le kirghiz appartenant à la même famille linguistique, il est aisé de passer de l'un à l'autre. Bien entendu, cela ne peut se faire qu'au détriment du kirghiz qui sera déclassé par rapport au turc.

Et puis, autre facteur d'intégration linguistique : la télévision. Comme tous les enfants de leur âge, les petits Kirghiz sont maintenant vissés devant le poste. Leurs parents ne savaient même pas regarder une photo ! Ils se livraient à une pantomime terrible, plissant le front, clignant un œil, puis portant à l'autre la main en cornet, essayant d'extraire un détail de la photo et d'y comprendre quelque chose. Mais leurs enfants, maintenant, sont accros à la publicité, les *Reklâmlar*. Ils regardent l'ourson de *Youmoş*, le *Soupline* turc, rebondir souplement sur une pile de linge propre. Ils regardent les petits poissons des biscuits *Eti* frétiller dans l'assiette. Ils regardent les réfrigérateurs, les radiateurs électriques, les voitures...

Les voilà devenus Turcs et fiers de l'être. Ce résultat a été facilité par plusieurs choses. D'abord, l'attribution des maisons aux réfugiés, faite par des fonctionnaires turcs, n'a tenu aucun compte de la segmentation clanique. La taille des habitations a sonné le glas de la famille patriarcale. Le développement de la famille nucléaire remet en question les structures d'autorité entre classes d'âge. La cohésion tribale, périodiquement réaffirmée lors des cérémonies marquant les rites de passage, s'effrite au profit de l'individualisme. Il n'y aurait d'ailleurs plus assez de bétail pour régaler les centaines d'invités qui se pressaient aux *toy* ou banquets rituels.

Le passage de l'horizontalité de la yourte, où la vie s'effectuait au ras du sol, à la verticalité des maisons au mobilier occidental modifie les postures, les attitudes, les manières de table, bref tout le comportement.

L'alimentation a été transformée. Les laitages traditionnels ont disparu, à commencer par le célèbre *koumiss*, ou lait de jument fermenté. Maintenant, on ouvre des boîtes de conserve et des paquets de biscuits et on boit du *Koka-Kola* et du *Fruko*, une sorte d'*Orangina*.

Tous ces changements vont encore s'accélérer lorsque les Kirghiz seront transférés dans leur habitat définitif d'Altïn-Dérè. Situé sur la rive septentrionale du lac de Van, à quelques kilomètres au nord du village d'Erdjiche, le futur village kirghiz s'étagera sur les contreforts de l'Aladagh.

L'achèvement de ce chantier, d'un montant de cinq millions de dollars, est prévu pour l'automne 1985. L'ingénieur responsable me dit :

— Vous comprenez, *bay* Dor, nous avons pris du retard parce qu'il y a beaucoup de sous-traitants, d'entreprises privées. Certains font faillite, d'autres ont des problèmes de trésorerie, tout le monde traînaille et le chantier n'avance pas.

Ce n'est certes pas rien de faire sortir une petite ville de terre, et deux mille ouvriers s'y emploient. Terrassement, travaux de voirie et de viabilisation précèdent la construction d'immeubles d'habitation et de bâtiments à usage collectif. Une superficie de 35 000 *dönüms*, soit 320 km^2, est octroyée aux Kirghiz, dont une partie en pâturages irrigués, le fond de la vallée, et une partie en pâtures sèches, les piémonts rocailleux. Chaque foyer recevra trois vaches et une dizaine de moutons.

En attendant cette ultime migration et un avenir qu'on espère de prospérité, il est temps pour moi de prendre congé de Rahman Koul et des Kirghiz de Karagündüz.

Une brève halte, au retour, à l'université de Van pour visiter l'atelier où travaillent deux des fils du khan. Dans le bureau du recteur, on me fait admirer les sculptures d'Akbar, puis on m'entraîne au restaurant universitaire décoré par Malek de fresques aux couleurs vives. Dans les deux cas, je suis un peu gêné pour m'extasier, car quelque chose manque désormais, quelque chose qui éclatait dans les sculptures et les peintures réalisées au Pamir. Ce quelque chose qui faisait oublier les naïvetés, les maladresses dans l'exécution, c'était la spontanéité, la sincérité – une impression de transparence, de traversée de l'œuvre par la conscience collective de générations sans nombre. Tout cela est perdu et j'ai bien peur qu'il n'en soit de même à l'avenir de ce qui restera de la culture des Kirghiz du Pamir afghan.

Épilogue
« Il ne faut pas regretter les jours passés… »

Rahman Koul est mort au mois d'août 1990 d'un arrêt cardiaque. Il avait soixante-dix-sept ans. Des milliers de personnes assistèrent à son inhumation. Sa tombe à Altïn Dérè (renommé entre-temps Ulupamïr, « Grand Pamir », en souvenir du temps jadis) est modeste. Ornée de cornes d'ibex et de mouflons, comme le veut la tradition kirghize.

Hadji Sahib Rahman Koul Khan fut un personnage hors du commun. C'est, à mes yeux, le dernier des guerriers héroïques qu'enfantèrent les confins centrasiatiques durant cette période troublée engendrée par l'émergence de l'URSS et l'effondrement de la Chine nationaliste.

Il y eut avant lui le baron balte Roman Ungern von Sternberg (1887-1921), lointain descendant d'Attila, qui se tailla par le fer et le feu un éphémère royaume à Ourga, en Mongolie, avant d'être fusillé par l'Armée Rouge. Puis, ce fut le tour du général ottoman Ismail Enver, dit Enver Pacha (1881-1922), un des chefs de la révolution Jeune-Turc, qui crut possible de restaurer l'empire du Touran et guerroya au Pamir, avant de charger sabre au clair face aux mitrailleuses du commandant Koulikov qui l'abattirent avec son cheval *Derviche*. Son cadavre abandonné fut inhumé discrètement à Abidarya par les Pamiriens (il faudra attendre la fin du XXe siècle pour que ses restes soient transférés en Turquie). Il y aura encore le Doungan chinois Ma Chung-yin (1910-1936 ?), dit « Big Horse », colonel à dix-sept ans, général à dix-huit et mort à vingt-six, probablement exécuté sur ordre de Staline, après avoir proclamé le *djihad* et libéré brièvement le Turkestan chinois.

Tous ont connu une fin tragique, car ils n'avaient en vue que la conquête. Rahman Koul, lui aussi seigneur de la guerre, les dépasse, car il a su gérer la paix. Négociant au mieux sa survie et celles des Kirghiz du

Pamir afghan, il a fait preuve de la grande force des nomades : savoir s'adapter instantanément aux rigueurs changeantes d'un milieu hostile.

En 2010, je suis retourné à Van donner à l'université une conférence sur les traditions orales des turcophones d'Asie Centrale. Prévenus, Malek, Akbar et Arif, trois des fils de Rahman Koul, m'ont fait la gentillesse de venir m'écouter. Nous sommes ensuite sortis nous promener sur le campus. Arif s'est précipité :

Oustaz, laissez-moi porter votre sac !

Comme quarante ans plus tôt. Quand il était chargé de transporter le magnétophone *Uher* et les carnets de notes. Furtivement, le temps s'est aboli et nous avons parlé des jours anciens. Mais ils ne reviendront pas : il ne reste plus à Ulupamïr que des personnes âgées, les jeunes sont partis à Istanboul, Izmir ou Adana. Demain, ils seront à Paris, Londres ou New York. Cette insertion réussie, c'est la plus belle œuvre de Rahman Koul et je crois entendre sa voix me murmurer le proverbe kirghiz :

Âghâ-yé Dourrr, il ne faut pas regretter les jours passés, il ne faut pas gaspiller les jours à venir.

NOTES

1. Hâfez de Chiraz, *Le Divân*, Ghazal 122, bayt 4, traduction de Charles-Henri de Fouchécour, Verdier, Paris, 2006.

2. Environ trois euros.

3. Hermann de Keyserling fait le tour du monde en 1911-1912 et publie ensuite *Le journal de voyage d'un philosophe* (réédition : Les Éditions du Rocher, Paris, 1986, p. 19).

4. J. and F. Shor, « We took the high road in Afghanistan », *National Geographic Magazine*, XCVIII (5), 1950, p. 706.

5. Ces réseaux sont donc anciens et très bien établis : aucune autorité aujourd'hui ne pourrait les supprimer.

6. Voir l'excellent article de Alisher Latypov, « The opium war at the Roof of the world : The élimination of addiction in Soviet Badakhshan », *Central Asian Survey* 32 (1), march 2013, pp. 19-36.

7. À ma connaissance, cet énorme travail, fruit de l'action de dizaines d'enquêteurs comme moi, n'a jamais été publié, car entre-temps et suite à l'invasion soviétique, trop de populations ont été déplacées.

8. Rémy Dor, « Lithoglyphes du Wakhan et du Pamir », *Afghanistan Journal* III (4), 1976, pp. 122-129.

9. Marco Polo, *Le devisement du monde*, Paris : La Découverte, 2004, p. 128.

10. Mesure de longueur variant de 25 à 30 cm, soit au total 1,5 à 1,8 m.

11. Toutes les références aux auteurs cités sont extraites du premier chapitre de mon ouvrage *Contribution à l'études des Kirghiz du Pamir afghan* (Paris : POF, 1975), auquel le lecteur pourra se reporter.

12. R. Dor, *Parlons kirghiz : Manuel de langue, orature, littérature kirghizes*, Paris : L'Harmattan, 2004, p. 23.

13. Une amie journaliste kirghize m'informe (février 2013) qu'elle a entendu parler d'un village kirghiz dans l'ouest du Tibet : affaire à suivre !

14. Gabriel Bonvalot, *Du Caucase aux Indes à travers le Pamir*, Paris : Plon, 1888, p. 391 ; voir aussi O. Olufsen, *Through the unknown Pamirs*, London : Heinemann, 1904, pp. 90-91.w

15. On pourra consulter la totalité de l'article dans R. Dor, G. Imart, *Être Kirghiz au XXe siècle : Le Chardon déchiqueté*, Jeanne Lafitte, Marseille, 1982, pp. 289-294.

16. « Russia amputates an Afghan finger », *The Economist*, n° 276, issue 7145, august 1980, p. 32.

17. Patrick Sabatier, « La guerre oubliée du Badakhchan », *Libération*, 20 novembre 1984.

18. Tyler Marshall, « Nomads of Central Asia almost made it to Alaska », *Los Angeles Times*, 4 mai 1982.

19. *Milliyet*, 24 mars 1982.

20. Auteur d'une série d'articles dans *Milliyet*, du 24 au 28 mars 1982.

21. Soit, aujourd'hui, environ 15 euros.

Rahman Koul à Gilgit.

Rahman Koul à Van.

TABLE

La chevauchée 9

La demeure 43

La descente 63

Épilogue 105

Notes 108

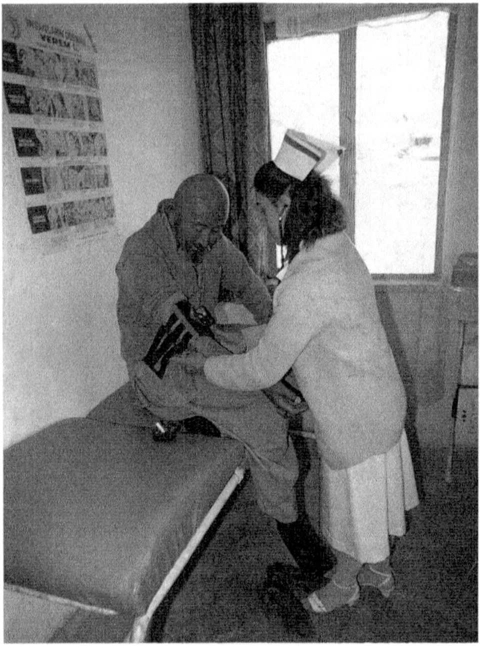

Rahman Koul au dispensaire.

ACHEVÉ D'IMPRIMER EN FÉVRIER 2015
PAR L'IMPRIMERIE SOREGRAPH À NANTERRE (HAUTS-DE-SEINE)
POUR LE COMPTE DES
ÉDITIONS MICHEL DE MAULE
À PARIS

Dépôt légal : février 2015
N° d'impression : 14220

Imprimé en France

L'imprimerie Soregraph est titulaire de la marque
Imprim'vert® depuis 2004.